CAMINHAR,
uma revolução

Adriano Labbucci

CAMINHAR,
uma revolução

Tradução
SÉRGIO MADURO

martins fontes
selo martins

© 2013 Martins Editora Livraria Ltda., São Paulo, para a presente edição.
© 2011 Donzelli Editore, Roma
Esta obra foi originalmente publicada em italiano sob o título
Camminare, una rivoluzione por Donzelli Editore.

Grafia atualizada conforme o Acordo Ortográfico da
Língua Portuguesa de 1990, em vigor no Brasil desde 2009.

Publisher	*Evandro Mendonça Martins Fontes*
Coordenação editorial	*Vanessa Faleck*
Produção editorial	*Valéria Sorilha*
	Heda Maria Lopes
Preparação	*Denis Cesar da Silva*
	Paula Passarelli
Revisão	*Andréa Vidal*
	Juliana Amato Borges

Dados Internacionais de Catalogação na Publicação (CIP)

(Câmara de Brasileira do Livro, SP, Brasil)

Labbucci, Adriano
   Caminhar, uma revolução / Adriano Labbucci ; tradução Sérgio Maduro. -- São Paulo : Martins Fontes - selo Martins, 2013.

   Título original: Camminare, una rivoluzione.
   ISBN 978-85-8063-107-4

   1. Caminhada - Filosofia 2. Ensaios filosóficos I. Título.

13-08380   CDD-102

Índices para catálogo sistemático:
1. Ensaios filosóficos 102

Todos os direitos desta edição para o Brasil reservados à
Martins Editora Livraria Ltda.
Av. Dr. Arnaldo, 2076
01255-000 São Paulo SP Brasil
Tel. (11) 3116 0000
info@emartinsfontes.com.br
www.martinsfontes-selomartins.com.br

Para Catia

Sumário

Premissa. Existir é resistir 9
O gesto mais humano 15
Agora sabes o que são as Ítacas 27
Festina lente 39
Aprender a soltar 53
Caminhar nos faz livres 75
O começo da história. Chatwin e a alternativa nômade 85
O fim da história. Benjamin e o *flâneur* 99
Tristes epílogos 109
Estamos livres para caminhar? 119
Uma crosta de asfalto e cimento 137
Caminhantes de todo o mundo, unamo-nos! 161

Premissa.
Existir é resistir

Aviso aos leitores. Não se preocupem.

Se vocês procuram lições sobre caminhar, última moda que atrai multidões nos Estados Unidos, com um monte de palestras, cursos universitários e variados professores, ou receitas sobre caminhar como autocura, ou enfim páginas e páginas com narrativas de caminhadas que se perdem invariavelmente entre o tedioso, o sonolento e o paranoico, repito, para evitar equívocos: não se preocupem. Este livro não é para vocês.

Aqui há uma tese: não existe nada mais subversivo, mais alternativo em relação ao modo de pensar e de agir, hoje dominante, que o caminhar. Ponto.

Caminhar é uma modalidade do pensamento. É um pensamento prático.

Este livro trata de pensamentos, ideias, categorias, mitos e de pessoas que, caminhando, nos ajudaram a compreender melhor o mundo, nós mesmos e aquele pensamento prático.

Caminhar põe em prática, e da melhor maneira, a afirmação de Hofmannsthal: "O homem descobre no mundo apenas aquilo que já tem dentro de si; mas precisa do mundo para descobrir aquilo que tem dentro de si"[1].

Porque sempre se caminha em um contexto, e esse fato nos provoca, nos leva a fazer perguntas a nós mesmos e nos obriga a fazer outras.

Exercício antiquado e portanto precioso, numa época em que todos dão respostas sem jamais se fazerem perguntas.

As palavras de María Zambrano nos guiam: "existir é resistir, ficar 'de frente', opor-se. O homem passou a existir quando, diante de seus deuses, ofereceu resistência"[2].

Caminhar representa hoje essa forma elevada de (r)e(s)xistência.

Essa é a tese. A antítese está dentro da própria tese. A síntese não existe. Dialética sem síntese.

Entre tese e antítese, resta uma tensão que não pode ser resolvida, um conflito que é o pai de todas as coisas.

Por outro lado, apenas o esquecimento e a cultura da inconsciência, que reinam soberanas, tornaram oculto aqui-

---

1 H. von Hofmannsthal, *Il libro degli amici* [*Livro dos amigos*], Milão, Adelphi, 1996, p. 11.
2 M. Zambrano, *L'uomo e Il divino* [*O homem e o divino*], Roma, Edizioni Lavoro, 2008, p. 18.

lo que desde o começo dos tempos nos tinha sido re-velado e que agora temos de des-velar.

"*Lekh lekhà* (vai-te)." Foram estas as primeiras palavras que Deus dirigiu ao homem (Abraão) na História: "Vai-te da tua terra, e da tua parentela, e da casa de teu pai, para a terra que eu te mostrarei"[3] está escrito em Gênesis. Palavras exigentes, inquietantes, nada tranquilizadoras ou receptivas. Enzo Bianchi comentou:

> *Lekh lekhà*, expressão que significa literalmente "vá até você mesmo", portanto, um convite para partir, um convite também para a viagem interior, de alguma maneira comparável ao célebre *ghôti sautón* – conhece-te a ti mesmo –, da tradição sapiencial grega [...]; obedecendo àquele "vai-te", ele deve antes de mais nada efetuar três claros rompimentos: com a terra de origem; com o mundo religioso idólatra; com a casa paterna, isto é, com os laços de sangue[4].

Pôr-se a caminho, colocar os pés em movimento sempre significou um revolvimento em direção a si mesmo e ao próprio mundo. E se ficarmos nos primórdios, o que o homem aprendeu a ler em primeiro lugar não foram as tabuletas cuneiformes dos sumérios ou os hieróglifos egípcios,

---
3 Gênesis, 12:1.
4 E. Bianchi, *Dio, dove sei?* [Deus, onde estás?], Milão, Rizzoli, 2008, p. 19-20.

mas os rastros no solo, pegadas de seus semelhantes e dos animais que ele caçava ou dos quais fugia[5].

Os primeiros quatro capítulos são etapas. Depois, uma pausa para falar da primeira verdade que levaremos conosco: servirá para continuar o caminho, para refletir, fazer associações e digressões, estabelecer nexos com ideias e práticas para descobrir outras verdades. Fora e dentro de nós.

Antes de iniciar o caminho, uma oração laica para nossos espíritos protetores, e também protagonistas incontestes, uma vez que nos apoiam na aventura.

Elogio aos pés

Porque suportam todo o peso
Porque sabem se manter sobre apoios e pilares mínimos
Porque sabem correr sobre recifes, o que nem mesmo os cavalos fazem
Porque nos levam embora
Porque são a parte mais aprisionada de um corpo encarcerado. E quem sai depois de muitos anos deve novamente aprender a caminhar em linha reta
Porque sabem saltar, e não é culpa deles se, mais acima no esqueleto, não há asas
Porque descalços são belos

---

5 "A escrita mais antiga que ele aprendeu a ler foi a dos rastros" (E. Canetti, *Massa e potere* [*Massa e poder*], Milão, Cde, 1988, p. 37.

Porque sabem plantar-se no meio da rua como mulas e funcionar como cerca viva diante do portão de uma fábrica

Porque sabem jogar bola e nadar

Porque, para qualquer povo prático, eram unidade de medida

Porque os das mulheres douravam nos versos de Pushkin

Porque os antigos os amavam e como primeira demonstração de hospitalidade lavavam os dos viajantes

Porque sabem orar balançando-se diante de um muro ou curvados atrás de um genuflexório

Porque jamais entenderei como podem correr confiando em um único apoio

Porque são alegres e sabem dançar o maravilhoso tango, o crocante sapateado, a rufiona tarantela

Porque não sabem fungar e não empunham armas

Porque foram crucificados

Porque, até quando se quer alojá-los nos fundilhos de alguém, surge o escrúpulo de que o alvo pode não merecer tal suporte

Porque, como as cabras, amam o sal

Porque não têm pressa de nascer, mas, depois, quando chega a hora de morrer, em nome do corpo saem aos pontapés contra a morte[6].

Porque os pés não mentem.

---

6 E. De Luca, *Altre prove di risposta* [Outros ensaios de resposta], Nápoles, Edizioni Libreria Dante & Descartes, 2008, p. 77.

O GESTO
MAIS HUMANO

O nosso mundo é dominado pela técnica.

O caráter totalizante desse fato faz com que nem percebamos isso, não lhe damos importância, consideramos natural.

De meio, a técnica se transformou em fim, e o fim da técnica é o seu incessante desenvolvimento, o seu crescimento.

É a tendência fundamental do nosso tempo[1].

Caminhar representa as sobras em relação a esse horizonte dominado pela técnica.

Há tempos, essa alteridade foi explicitada e trazida à luz por uma significativa tradição da literatura e do pensamento que, como um rio subterrâneo, atravessou a cultura ocidental.

---

1 Cf. E. Severino, *La tendenza fondamentale del nostro tempo* [A tendência fundamental do nosso tempo], Milão, Adelphi, 1988.

Logo após a Primeira Guerra Mundial, Hermann Hesse escrevia:

> Velhos sapatos de viagem, roubam-me espaços, lembram-me de outros tempos [...] e me lembram não só do passado, mas também de algo mais, sempre novo: a luta e a fuga da minha vida. Porque todas as minhas peregrinações, todas as minhas viagens, no fundo, foram e são apenas uma fuga, não exatamente a fuga de um viajante e de quem vive em uma grande cidade, a fuga perene do próprio Eu para o lado de fora, não a fuga de si mesmo, mas o oposto: uma tentativa de fuga deste tempo, deste tempo de técnica e de dinheiro, de guerra e de ânsia de riquezas[2].

Nessa mesma teimosa e oposta direção, mas com extremismo bem diferente, quem se agita além do oceano é Henry David Thoreau. Para ele, o caminhar e a natureza se confundem, representam a possibilidade de divórcio com o mundo, fora da civilização das máquinas, fora dos condicionamentos sociais. "Estar – no lado de fora – é exatamente o lugar que Thoreau escolheu como sua morada"[3].

---

2 H. Hesse, *Il viandante* [O viajante], V. Michels (org.), Milão, Mondadori, 1993, p. 254-5.
3 H. D. Thoreau, *Camminare* [*Caminhando*], F. Meli (org.), Milão, SE, 1989, p. 75.

Daí o seu tom peremptório, indiscutível, o seu tom profético:

> As nossas expedições não são senão passeios... No meio do caminho, não fazemos mais do que o caminho de volta. Mesmo nos percursos mais breves, deveríamos ir adiante com eterno espírito de aventura, como se nunca tivéssemos de retornar, prontos a devolver, como relíquias, nosso coração embalsamado aos nossos desolados reinos. Se você está pronto a deixar pai e mãe, irmão e irmã, mulher e filho e amigos, e a não voltar a vê-los; se você acertou as suas contas e fez o seu testamento, se deixou em ordem as suas coisas e se é um homem livre, então você está pronto para se pôr a caminho[4].

Para Hesse, o caminho não é a fuga para lugares exóticos, mas para dentro da própria subjetividade, a fim de encontrar razão e força para resistir a esses tempos de técnica e de dinheiro; para Thoreau, o caminho é possível, contanto que rompamos com as pressões deste mundo e criemos o vazio a nossa volta, o qual então se transforma numa plenitude dentro de nós, o "espírito de aventura", sem o qual não nos colocamos a caminho.

Em ambos, embora distantes geográfica e culturalmente, a mesma rejeição à técnica e à massificação do indivíduo,

---
4 Ibid., p. 12-3.

a mesma forma de pensamento que identifica no caminhar uma possível alternativa. De lá para cá, a aceleração tecnológica foi vertiginosa, descontrolada e incontrolável, varrendo qualquer resto de ilusão de fuga, seja ela épica, romântica ou decadente. De lá para cá, ficamos muito mais expostos, mas também muito mais realistas. Emanuele Severino escreveu:

> Se amanhã as orações, que já moveram montanhas, movessem a Terra e produzissem mercadorias e riquezas com uma abundância e uma velocidade não conhecidas pela técnica, o capitalismo se poria a rezar e abandonaria a técnica à própria sorte [...]. Mas quando a técnica demonstra ser a mais eficaz das orações, razão pela qual a ela então se confia a salvação do homem sobre a Terra, nesse caso, *este* meio está fadado a se transformar no fim e o seu fim está fadado a se transformar no seu meio [...]. A brusca mudança de meio e fim, que no capitalismo se apresenta como processo no qual o dinheiro, de meio, se torna fim para trocas, aparece de forma mais radical na subordinação à técnica de todas as grandes forças que gostariam de se servir dela como simples meio[5].

Pode-se pensá-la como Giorgio Ruffolo:

---

5 E. Severino, *Democrazia, tecnica, capitalismo* [Democracia, técnica, capitalismo], Brescia, Morcelliana, 2009, p. 35-7.

Não é o progresso técnico a causa do desaparecimento dos fins, mas sua sujeição à acumulação capitalista. Não é verdade que a técnica determina que se faça tudo o que é factível. Ela determina que se faça tudo o que é vantajoso. O problema então não é fugir da técnica, mas fazer com que a técnica fuja das leis do mercado[6].

É uma diretriz e uma postura política e cultural notável e compartilhável, um antídoto contra certas formas de rejeição regressiva. Mas, se queremos permanecer na realidade nua e crua dos fatos, só podemos repetir o que escrevia há mais de vinte anos um economista *sui generis* como Claudio Napoleoni:

> A técnica serve a um só fim e a si mesma ou a técnica pode servir a fins bons ou maus, conforme quem decide? Questão controversa, só que, do ponto de vista concreto, empírico; cada vez que se quis estabelecer um condicionamento ético, de valores, isso não foi possível, a técnica estava à frente[7].

Posteriormente, essa conclusão foi amplamente confirmada. A técnica estava à frente e, com ela, a grande questão

---

6 G. Ruffolo, *Il capitalismo ha i secoli contati* [O capitalismo está com os séculos contados], Turim, Einaudi, 2008, p. 284.
7 C. Napoleoni, *Cercate ancora* [Continuem buscando], Roma, Editori Riuniti, 1990, p. 49.

que temos diante de nós: a de não sermos capazes de prever e de calcular as consequências do extraordinário potencial técnico que está em nossas mãos. Se os antigos tinham um déficit de conhecimento, a nós coube um déficit das consequências.

Por isso, volta a ser central a pergunta sobre ética, ou seja: de qual ética estamos falando quando falamos do caminhar? De uma ética que parte de si mesma, mas para se abrir para o mundo; de uma ética que não levanta barreiras e não separa, mas restabelece relações e conexões entre os próprios passos e o contexto humano e natural, sendo assim bem distante da que está em vigor: fragmentada, parcelada, que não responde a uma visão de conjunto, mas a objetivos e fins de âmbitos setoriais e específicos.

Luigi Zoja escreveu:

> Os valores éticos perderam gradualmente o contato, seja com as bases filosóficas da ética, seja com os valores estéticos [...]. O modelo vencedor – a economia de livre mercado – reclama uma ética, embora em sentido restrito: regras claras e precisas para o seu campo de aplicação, ainda que à custa de ficarem desvinculadas de princípios éticos mais amplos e de se enroscarem em abstrações limitantes. Por exemplo: a liberdade econômica é entendida como liberdade de comércio entre os diversos países. Mas um desempregado que não encontra

emprego em seu país não pode se transferir para o vizinho: só os capitais são livres para se transferir. Assim, a aplicação da lei produz mais injustiça que justiça: só quem já é rico é livre para tentar enriquecer[8].

Caminhar comporta uma ética diferente porque quem caminha jamais é um isolado. É possível ser um caminhante solitário, como Jacques Lanzmann, a quem devemos a afirmação mais explícita e de rara precisão: "Toda vez que parti com amigos, voltei com inimigos"[9]; ou pode-se preferir – não sempre – caminhar acompanhado, como Bruce Chatwin, que "caminhava sempre à frente de todos, falando com ele mesmo e com você, que nunca ouvia muito bem o que ele dizia", e cujo caderninho de notas assim registra: "Não há nada tão irritante quanto percorrer um longo roteiro com alguém que não consegue acompanhar o ritmo"[10]; todavia, em ambos os casos, não é possível ficar isolado. O isolamento é prerrogativa do sedentarismo, não do movimento. Isolamento e sedentarismo sempre criaram menos problemas e provocaram menos temor com relação a quem caminha, e por um motivo elementar: quem

---

8 L. Zoja, *Giustizia e Bellezza* [Justiça e Beleza], Turim, Bollati Boringhieri, 2007, p. 56.
9 J. Lanzmann apud D. Le Breton, *Il mondo a piedi* [O mundo a pé], Milão, Feltrinelli, 2004, p. 29.
10 N. Shakespeare, *Bruce Chatwin*, Milão, Baldini & Castoldi, 1999, p. 658.

caminha vem ao nosso encontro e nos interpela com sua simples presença, expõe-se a si próprio gerando inevitavelmente atrito; não está parado em um lugar ou confinado a uma dimensão mental reconfortante. Isso porque, como já escrevemos, o movimento representa sempre um ato de perturbação da ordem estabelecida.

Se queremos procurar algo novo, mas que novo não é, há o fato de que o fundamentalismo da técnica se juntou a outro: o fundamentalismo religioso. Há um retorno da ortodoxia que envolve até o mundo católico, remetendo o corpo ao centro de tudo, com resultados, no que diz respeito à Santa Romana Igreja, paradoxais e desconcertantes: da recusa das técnicas de fecundação heteróloga para casais estéreis (acompanhada do convite malicioso para não votar no referendo de 2005*), passaram com desenvolta intransigência à reivindicação oposta, de utilização de técnicas médicas artificiais para manter vivas pessoas contra a própria vontade delas, como Piergiorgio Welby e Eluana Englaro**.

---

* Referendo sobre reprodução assistida. (N. E.)
** Piergiorgio Welby (Roma, 1945-2006) foi um poeta, pintor e ativista que, diagnosticado com distrofia muscular progressiva ainda muito jovem, iniciou uma luta pelo direito à eutanásia em 1997, quando passou a respirar por meio de aparelhos. O caso de Eluana Englaro (Lecco, 1970-Udine, 2009) é semelhante. A jovem entrou em estado vegetativo após um acidente de carro em 1992, e seu pai lutou por anos pelo direito de desligar os aparelhos que a mantinham viva. Em linhas gerais, depois de muito debate e polêmica, tanto Welby quanto o pai de Englaro tiveram seu pedido atendido, sem, contudo, a aprovação da Igreja. (N. E.)

Existe um abismo de humanidade e compaixão entre aquilo que lemos e ouvimos dos expoentes das hierarquias do Vaticano e aquilo que o papa Paulo VI escrevia para os médicos católicos nos anos 1970, quando os encorajava a aliviar os sofrimentos e a não prolongar, por qualquer meio, uma vida, quando esta já não era humana em sua plenitude.

Costuma-se dizer: a vida é sagrada. A vida, propriamente, que é antes de tudo relação com os outros, reciprocidade, troca de afetos e de emoções, autodignidade. Então, o que tudo isso tem a ver com a alimentação e a hidratação forçadas, a fim de manter artificialmente um corpo que jaz inerte em um leito? Essa vida não tem nada de sagrado e de "plenamente humano"; ao contrário, é uma idolatria que, para afirmar-se, tem necessidade da idolatria da técnica. Um duplo e grave pecado. Infelizmente, acontece quando a vida das pessoas de carne e osso se transforma em símbolo, objeto abstrato sobre o qual se travam batalhas ideológicas ou religiosas.

Caminhar é um antídoto contra essa intoxicação ideológica ou religiosa, um antídoto "natural": caminhamos com o nosso corpo. Esse simples fato nos remete à vida nua, aos seus elementos e às suas necessidades mais elementares: comer, beber e dormir, frio e calor, cansaço e repouso, dor e prazer; a vida na qual os nossos sentidos estão todos trabalhando com uma potência e uma capacidade maravilhosas, que não experimentamos normalmente. Por isso, quem caminha volta logo sabendo que algo se perdeu, do qual não temos mais consciência: as estações, o clima. Estes são os protagonistas, frequentemente incômodos, das narrativas de viagem a pé; são também uma descoberta imediata e um aborrecimento constante de quem, pela primeira vez, decide entregar-se aos pés, dando-se conta, querendo ou não, da diferença substancial em relação a todos os outros meios de locomoção que, em maior ou menor medida, isolam ou protegem. A esse corpo que vive, pulsa, reclama os seus direitos, que é unha e carne com o caminhar e do qual, caminhando, exigimos tanto, a esse corpo devemos aquilo que há tempos se perdeu e que nenhuma tecnologia ou ideologia pode substituir: atenção e escuta para corresponder, nada mais. Quando, pelas circunstâncias mais diversas, não nos for possível exercitar atenção e escuta, então a própria vida sofrerá, irreparavelmente. Não deveria ser difícil compreender isso; de todo modo, basta movimentar os pés, e o resto vem sozinho.

Mas já que o Espírito sopra onde quer, jamais se deve perder a esperança: pode acontecer que, mais tarde, as sábias e miraculosas palavras de Paulo VI sejam tacitamente retomadas por uma voz importante e autorizada, a do cardeal Martini, capaz de resistir a essa onda integralista: "É importante reconhecer que a continuação da vida humana física não é, por si, o princípio principal e absoluto. Acima está o da dignidade humana [...]; a vida física é, assim, respeitada e protegida, mas não é o valor supremo e absoluto"[11].

O valor a tutelar e a garantir é a dignidade da vida, uma ideia bem mais rica do que aquela que reduz a vida à respiração. Respira-se para viver, não se vive para respirar.

E, se fazemos nossas as palavras de Roland Barthes, para quem caminhar é o gesto mais comum e, assim, mais humano, fazemos isso com reservas; isso porque, passados mais de cinquenta anos das suas palavras, estamos sufocados por uma motorização selvagem e desmedida; caminhar pode continuar a ser o gesto mais humano, mas decerto não é o mais comum. Erguer-se sobre dois pés é o nosso primeiro feito; dali começa o nosso caminho no mundo. É um gesto natural como tantos outros, que não precisa de protestos, artifícios, artefatos, técnicas particulares – precisa apenas das nossas pernas. E quanto mais crescem em nós o gosto e o desejo de andar a pé, mais as nossas pernas nos apoiam, são nossas confidentes e cúmplices companheiras de viagem, tornando possível responder à pergunta fatídica, feita todas as vezes que se retorna, e que Baudelaire, em uma ardente poesia dedicada à viagem e aos viajantes ("Queremos viajar sem vapor e sem vela"), coloca como marca final: "Dizei: o que vistes?"[12].

---

11 Apud V. Mancuso, "L'etica di fronte alla vita vegetale" [A ética diante da vida vegetal], *La Repubblica*, 13 de fevereiro de 2009.
12 C. Baudelaire, "'Il viaggio', A Maxime Du Camp" [A viagem. A Maxime Du Camp], in *I fiori del male* [*As flores do mal*], Milão, Garzanti, 1992, p. 23.

É a pergunta que Jesus dirige ao cego, depois de tê-lo conduzido para fora da aldeia e de ter colocado saliva sobre seus olhos. A resposta é uma das mais belas imagens do caminhar: "Vejo os homens; pois os vejo como árvores que andam"[13]. Rodeados de imagens, precisamos, nos dias de hoje, (re)aprender a ver, assim como devemos (re)aprender a caminhar.

Caminhar é a afirmação mais direta e explícita da nossa irredutível condição de seres humanos em um mundo dominado pela técnica.

---

13 Marcos, 8:22.

AGORA SABES O QUE SÃO AS ÍTACAS

O impressionante nascimento e desenvolvimento da ciência e da técnica no Ocidente estão ligados à ideia de que a matemática é uma linguagem, a linguagem com a qual está escrito o grande livro da natureza. A matemática é aquele saber que é poder.

Inicialmente em harmonia com os ditames religiosos, ciência e técnica se emanciparam, não sem contradições e tragédias, para chegar ao atual paradoxo: de fator de desconstrução, de discussão radical dos fundamentos antes de mais nada religiosos, sobre os quais o homem havia erigido o próprio universo físico e mental, chegamos hoje a uma verdadeira inversão, através da qual ciência e técnica parecem ter substituído a religião, para distribuir certezas, seguranças, verdades. Como diz Sergio Quinzio, elas são "a última forma que o monoteísmo assumiu"[1].

---

1 S. Quinzio, *La sconfitta di Dio* [A derrota de Deus], Milão, Adelphi, 1992, p. 82.

Daí a característica dominante do pensamento ocidental: o seu caráter calculista, utilitarista, instrumental, ao qual, portanto, está confiada a tarefa de medir e calcular tudo, de empenhar-se em obter resultados, de tornar as coisas e o mundo mais eficientes.

Caminhar supera essa relação instrumental, essa cisão entre meios e fins, porque não se mede pela eficiência e pela eficácia. Caminhar é, ao mesmo tempo, meio e fim, travessia e meta; nele predomina a dimensão do prazer e da curiosidade como fim em si, não como instrumento para qualquer outra coisa.

Como é comum acontecer, uma poesia captou a verdade mais profunda desse duplo aspecto, contando-nos uma viagem, o retorno a Ítaca, arquétipo de todas as viagens e mito fundador da nossa cultura.

> Quando saíres para empreender a viagem para Ítaca,
> pede que seja longo o caminho,
> pleno de aventuras, pleno de conhecimentos.
> Os lestrigões e os ciclopes,
> o irado Poseidon não temas!
>
> No teu caminho jamais os encontrarás,
> se tiveres teu pensamento altivo, se nobres
> emoções achegas ao teu espírito e corpo.

Os lestrigões e os ciclopes,
o selvagem Poseidon, não encontrarás,
se não os levares contigo, na tua alma,
se a tua alma não os erguer diante de ti.

Pede que seja longo o caminho.
Muitas sejam as manhãs de verão
nas quais – com que felicidade, com que alegria! –
entrarás nos portos que verás pela primeira vez,
demora-te nos mercados fenícios,
e belos produtos adquiras, madrepérolas e corais,
âmbares e ébanos,
e voluptuosos perfumes de todo tipo, quanto puderes,
abundantes e voluptuosos perfumes,
a muitas cidades egípcias vai,
aprende e aprende dos sábios.

Sempre em teu espírito tenha Ítaca.
O desembarque, esse é o teu destino.
Mas não apresses absolutamente a viagem.
É melhor que dure muitos anos;
e já velho atraques à ilha;
rico com tudo o que tiveres ganho pelo caminho,
sem contar com a riqueza que Ítaca te dará.

Ítaca te deu uma bela viagem.
Sem ela não te terias colocado a caminho.
Mas não há de dar-te além.

Se também a achares pobre, Ítaca não te enganou.
Tendo tu ficado tão sábio, e com tão grande experiência,
não foi senão porque agora sabes o que são as Ítacas[2].

Nesse poema de Kaváfis está quase tudo o que poderia se dizer sobre o caminhar: ideias e pensamentos, experiências e estados de espírito, expectativas e promessas, temores e tremores. Um exaustivo mapa para o nosso caminho, ao qual recorreremos sempre e com prazer.

O fim é Ítaca: "Sempre em teu espírito tenha Ítaca. / O desembarque, esse é o teu destino". Mas Ítaca é, ao mesmo tempo, a oportunidade e o meio: "Ítaca te deu uma bela viagem. / Sem ela não te terias colocado a caminho". E o poeta acrescenta: "Mas não há de dar-te além". De modo que, no final da viagem, estarás "rico com tudo o que tiveres ganho pelo caminho, / sem contar com a riqueza que Ítaca te dará".

São duas as riquezas: o caminho e a meta.

Nesses versos está expressa uma relação íntima e complexa entre meio e fim, que não é nem de subordinação nem de cisão, e na qual um não anula o outro, mas o complementa, penetra-o fundo, uma relação na qual cada um mantém o seu espaço. Sem o destino não haveria viagem, mas a viagem é aquilo que se encontra, o que se vive ao longo

---

2 K. Kavafis, *Poesie* [*Poemas de Konstantino Kaváfis*], F. M. Pontani (org.), Milão, Mondadori, 1991, p. 44-6.

do caminho, não é somente destino. Por isso: "Pede que seja longo o caminho", "É melhor que dure muitos anos", "Se também a achares pobre, Ítaca não te enganou. / Tendo tu ficado tão sábio, e com tão grande experiência". Destino e viagem permanecem unidos, e unidos estão. A poesia de Kaváfis nos dá uma sublime demonstração disso. Quem caminha sabe. Sabe porque viveu a experiência de modo direto, ainda mais porque é na memória que aqueles dois momentos ficam indissoluvelmente ligados, de maneira inseparável. Basta fechar os olhos...

Essa relação complexa, que nem é redução unitarista nem separação, é difícil de compreender nos dias de hoje, habituados que estamos a uma lógica binária, de homologação ou contraposição, e na qual perdemos os vínculos, as interdependências. Por outro lado, fazer associações, estabelecer relações e conexões é precisamente o que caracteriza a inteligência, mas, se essa aptidão e capacidade estão esquecidas ou abandonadas, o resultado, de que temos evidências todos os dias, é o que descreveu Edgard Morin:

> Os grandes problemas humanos desaparecem em proveito dos problemas técnicos particulares. A incapacidade de organizar o saber disperso e compartimentado leva à atrofia da tendência mental natural a contextualizar e globalizar. A inteligência parcial, compartimentada, mecanicista, disjuntiva, reducionista, quebra a

complexidade do mundo em fragmentos isolados, fraciona os problemas, separa o que é ligado, transforma em unidimensional o que é multidimensional. É uma inteligência míope que o mais das vezes acaba por ser cega[3].

Não por acaso, é a mesma lógica, a mesma dinâmica que, como já havíamos notado, regula a esfera ética. Somadas, são a gaiola dourada do homem moderno, o homem de uma única dimensão.

Umberto Galimberti escreveu:

> Viver na idade da técnica significa educar-se e habituar-se a perceber o mundo como uma cadeia de utilidade sem fim. Assim, a floresta se torna reserva de madeira, o rio, energia hidrelétrica, o solo, subsolo. Convertido em utilidade, o mundo se oferece não como paisagem, mas como reserva. Heidegger chama de "depósito" (*Bestand*), em virtude de uma utilização da qual não se conhecem os propósitos, porque a técnica não se propõe a isso. Sua tarefa é oferecer puras e simples disponibilidades, do modo mais amplo e mais rapidamente empregável. E, na ausência de fins que não encontram uma solução no imediatismo de sua utilização, são, nesse

---

3 E. Morin, *I sette saperi necessari all'educazione del futuro* [*Os sete saberes necessários à educação do futuro*], Milão, Raffaello Cortina, 2001, p. 43.

ínterim – que enfim é o único intervalo que permite perceber o tempo – simplesmente empregados[4].

Fique claro, tudo isso produziu resultados extraordinários, deixando mais confortável – e, em muitos aspectos, melhor – a vida nesta parte do mundo; mas também é claro (ou deveria ser) que hoje vemos cada vez mais o lado obscuro, a face oculta, seja por causa dos efeitos negativos, seja por causa dos riscos e perigos iminentes aos quais estamos expostos.

Dentro dessa lógica, desaparecem inevitavelmente o autoquestionamento sem finalidades imediatas, a submissão das coisas ao crivo crítico, considerando as propriedades. Exatamente o que a caminhada leva a fazer.

De fato, desde sempre, caminhar tem tudo a ver com pensar e com as questões fundamentais que estão na base da filosofia: quem somos, onde estamos, para onde vamos; porque caminhar exprime, como poucas experiências, essa abertura para o mundo e para si mesmo. É sabido que a escola filosófica fundada por Aristóteles tinha, além de Liceu, o nome de Perípato, designação tirada dos pórticos ao longo dos quais se davam as discussões; daí a definição de "filosofia peripatética", do grego *peripatein*, passear. Ou a afirmação de Kierkegaard:

---

4 U. Galimberti, *Orme del sacro* [*Rastros do sagrado*], Milão, Feltrinelli, 2000, p. 297.

> Acima de tudo, não perder a vontade de caminhar: eu, caminhando todos os dias, atinjo uma sensação de bem--estar e deixo para trás todos os infortúnios; os melhores pensamentos me ocorreram enquanto caminhava, e não conheço pensamento tão pesado a ponto de não poder ser deixado para trás com uma caminhada[5].

Ou então Nietzsche: "Fez muitos caminhos e muitas perguntas"[6]. De Rousseau falaremos depois, a propósito da relação que existe entre a caminhada e a igualdade. Mais recentemente, essa característica foi retomada pelo movimento indigenista zapatista, que fez do "caminhar perguntando" o seu manifesto político-cultural. Quem caminha é inevitavelmente levado a examinar o que encontra, a aguçar o engenho, a desenvolver o senso crítico que induz a fazer comparações e a perguntar o porquê e o como das coisas que nos circundam. Quem caminha sabe que a virtude não é um luxo, mas uma condição sem a qual não se caminha, se foge; e que a maior ambição de quem caminha é respeitar e valorizar os lugares que atravessa para que outros possam fazê-lo com o mesmo prazer.

Por outro lado, hoje, o questionamento individual e o coletivo flutuam quase sempre sobre a seguinte tríade: para

---

5 Kierkegaard apud T. Espedal, *Camminare* [Caminhar], Milão, Ponte alle Grazzie, 2009, p. 31.
6 F. Nietzsche, *Così parlò Zarathustra* [*Assim falou Zaratustra*], Milão, Mursia, 1965, p. 147.

que serve, a quem serve, pode servir-me? A política, que é a relação entre as pessoas e entre estas e o mundo, como nos ensinou Hannah Arendt[7], é o sismógrafo mais precavido de tal deriva. A evidente e aclamada crise da política tem aqui uma de suas raízes mais profundas. Não se pergunta mais, a respeito dos interesses e dos princípios que se deseja representar, o que é justo fazer e, por consequência, como proceder. Não. O que se pergunta é: o que nos convém, o que me convém? Como devemos nos comportar, como eu devo me comportar para obter aquela vantagem?

"Se a palavra religiosa é própria dos profetas, a palavra política deveria pertencer aos justos", afirma o cardeal Martini[8]. Se puserem de lado a pergunta sobre o que é justo, a política jamais será dos justos. Perderá a sua essência de bem comum e se transformará em interesse privado individual ou de grupo.

Deve-se acrescentar que a relação instrumental não envolve apenas meio e fim, mas também as dimensões

---

7 "A resposta que coloca o homem no centro das preocupações atuais e supõe ter de mudá-lo para consertá-lo é profundamente impolítica; no centro da política sempre está, de fato, a preocupação com o mundo, não com o homem, [...] e um mundo não se muda modificando-se os homens que estão nele, sem levar em conta a impossibilidade prática de tal empreendimento; [...] se se quer mudar uma instituição, uma organização, só é possível mudar seus estatutos, suas leis, sua disposição e esperar que todo o resto venha por si" (H. Arendt, *Che cos'è la política?* [*O que é política*], Milão, Edizioni de Comunità, 2001, p. 18).
8 E. Bianchi e C. M. Martini, *Parola e politica* [Palavra e política], Magnano, Qiqajon, 1997, p. 64.

presente e futuro. O caminhar sempre se inclina sobre o tempo presente; quando se inclina sobre o futuro, é uma mentira. Caminhar é colocar-se à prova agora, sem que nada esteja garantido para depois; não é um exercício de fantasia. Por outro lado, quando a mente começa a divagar imaginando outros lugares, quando o pensamento busca outra coisa que fazer, quando a inquietação e a intolerância invadem o tempo e o espaço, não há promessa futura ou fantasia que aguentem, é preciso rapidamente colocar-se a caminho. "Faz zarpar o teu sonho, enfia-te dentro dos teus sapatos", assim escreve Paul Celan[9]. Ajudam-nos as palavras do experiente viajante Claudio Magris:

> A capacidade de viver o instante, cada instante e não apenas os privilegiados e excepcionais, sem sacrificá-lo ao futuro, sem aniquilá-lo nos projetos e programas, sem considerá-lo simplesmente um momento que passe rápido a fim de chegar a outra coisa qualquer. Quase sempre, na nossa existência, temos muitas razões para esperar que ela passe o mais rapidamente possível, que o presente se transforme o mais rápido em futuro, que o amanhã chegue o quanto antes e assim [...] se vive não para viver, mas para já ter vivido, para estar mais próximo da morte, para morrer[10].

---

9 P. Celan, "Fa' salpare" [Faz zarpar], in Celan, *Poesie* [Poemas], Milão, Mondadori, 1998, p. 1229.
10 C. Magris, *L'infinito viaggiare* [O infinito viajar], Milão, Mondadori, 2005, p. VIII.

Não se caminha para chegar logo – "pede que seja longo o caminho", "não apresses absolutamente a viagem" –, caminha-se para ter os sentidos despertos, a fim de encontrar o mundo e completar uma experiência de vida. Em 1976, em Hong Kong, um velho adivinho chinês diz para Tiziano Terzani, então correspondente na Ásia da revista semanal alemã *Der Spiegel*: "Cuidado! Em 1993 você corre um grande risco de morrer. Nesse ano, não voe. Não voe de jeito algum"[11]. Quando chegou aquele ano, Terzani, que nunca tinha esquecido aquelas palavras, decide "que a melhor maneira de enfrentar aquela 'profecia' seria a asiática: não ir contra, mas entregar-se a ela"[12]. Assim, em 1993, desloca-se pela Ásia de trem, de ônibus, de barco e a pé. Foi uma experiência que mudou sua vida.

> Graças ao adivinho de Hong Kong, estava reencontrando não só o prazer de viajar, mas também o de viver. Não tinha mais angústias, não mais sentia como um drama o passar dos dias, escutava as pessoas que falavam comigo, aproveitava o que acontecia ao meu redor, tinha tempo para colocar em ordem minhas impressões, para refletir. Tinha tempo e silêncio: algo tão

---

11 T. Terzani, *Un indovino mi disse* [*Um adivinho me disse*], Milão, Longanesi, 1997, p. 9.
12 Ibid.

necessário, tão natural, mas quase um luxo a que apenas poucos se permitem[13].

Perguntado sobre qual era o melhor modo de visitar um país, Bruce Chatwin respondia: de botas.

Caminhamos para viver, e não para termos vivido.

---

13 Ibid., p. 259.

FESTINA LENTE

Na civilização das máquinas e na cultura dos mecanismos em que estamos imersos, a velocidade é um valor absoluto.

Caminhar é um ato de insubordinação a essa ideologia, um ato contra essa tirania.

Os *communards** foram espetaculares quando, na revolução, uma vez conquistada Paris, puseram-se a disparar contra os relógios. Poucos gestos na história da humanidade tiveram um aspecto tão profético, absoluto e transcendente; poucas vezes, como nesse caso, tentou-se verdadeiramente abalar as bases.

Isso é o mesmo que fazer nossas as palavras de Gracián: "Em todas as coisas procure trazer o tempo para o seu lado"[1].

---

* Comunalista ou membro da Comuna de Paris de 1871. (N. T.)

1 B. Gracián apud W. Benjamin, *Parigi capitale del XIX secolo*, Turim, Einaudi, 1986, p. 614. ["Paris, capital do século XIX" está publicado

Caminhar, de fato, é a única experiência capaz de abarcar a dimensão do tempo em todas as suas implicações e facetas. Já falamos da alternância das estações e da sua influência sobre o caminhar. Na verdade, existem outros dois aspectos mais sutis e profundos: o tempo compreendido como *khrónos* (tempo cronológico, do qual todos temos experiência) e o tempo compreendido como *kairós*, o tempo propício (o tempo certo e oportuno para fazer as coisas).

Caminhar é dar significado e juntar *khrónos* e *kairós*, deixando as coisas irem por esse caminho para que tomem o rumo certo.

> Em fins de novembro de 1974, um amigo me telefonou de Paris e me disse que Lotte Eisner estava gravemente doente e que era provável que falecesse. Eu disse que não, que não podia ser, não naquele momento; o cinema alemão não podia ficar sem ela bem naquele momento, não podíamos deixar que morresse. Peguei um casaco, uma bússola e uma mochila, com o estritamente necessário. As minhas botas eram tão novas e, assim, tão robustas, que dava para confiar nelas. Peguei o caminho mais direto para Paris, com a certeza absoluta de que ela continuaria viva, se eu fosse a pé[2].

---

no livro *Passagens*, editora UFMG, 2006. (N. E.)]
2 W. Herzog, *Sentieri nel ghiaccio* [*Caminhando no gelo*], Milão, Guanda, 1989, p. 9.

Werner Herzog caminhou por 21 dias, de Munique a Paris. Quando entrou na casa de Lotte Eisner, ela lhe devolveu

> um suave sorriso; sabendo que eu era uma pessoa que andava a pé e, por isso mesmo, indefeso, me entendeu. Apenas por um momento, sem que nada me pesasse, atravessou-me o corpo exausto, como um sopro de ternura. Eu disse: abra a janela, faz alguns dias que eu sei voar[3].

Nas palavras de Herzog, existe uma absoluta e implícita convicção, uma convicção tão eloquente que não precisa de explicações: de que, para sermos merecedores daquilo que nos circunda e que nos é caro, precisamos movimentar o corpo pelos pés; que, movendo os nossos pés, coisas e acontecimentos entram em movimento; e que tal movimento produz uma mágica harmonia.

Essa foi uma ideia que os latinos já haviam experimentado e condensado na máxima *solvitur ambulando* (caminhando se resolve). Porque as coisas boas, importantes, as coisas que têm valor devem ser preparadas, atingidas, alcançadas a pé, para dar a elas o tempo de se abrirem para nós e, a nós, o tempo de lhes transmitir toda a energia do nosso caminhar. Na Índia, um ditado *sadhu* exprime

---
3 Ibid., p. 73.

melhor essa ideia e essa prática: se a pé não chegares aonde queres ir, não verás o que queres encontrar.

Voltemos a Kaváfis: "Pede que seja longo o caminho", exorta por duas vezes o poeta, "não apresses absolutamente a viagem", aconselha[4]. Ficamos desorientados ao ler essas palavras e damo-nos conta de como entram em choque contra o "imperativo imperioso" de anular o espaço e o tempo e de andar mais rápido; de quanta sabedoria ancestral existe no convite "não te apresses, o bom caminhante chega"[5], dos faraós egípcios; de como o caminhar coloca limites insuperáveis àquela enorme tentação. Não se caminha para chegar depressa, caminha-se para que as coisas nos alcancem no tempo propício, caminha-se para ficar com os sentidos despertos e para fazer o ar circular pela mente e pela alma.

Contrariamente a isso, o mantra que nos é repetido todo dia sem parar – ser rápido para produzir-consumir-competir – se resume a uma só palavra: crescimento. Crescer cada vez mais e cada vez mais rapidamente passa a ser, assim, um típico dogma de fé. Essa é, por assim dizer, a ideia fixa, que, embora não seja única, sobressai.

A heterogênese dos fins, que é uma constante da história humana, conseguiu mesmo demonstrar que essa maneira pouco sensata de ver as coisas produziu a mais grave

---

4 Kavafis, *Poesie*, op. cit., p. 45.
5 E. Laffort, *I libri di sapienza dei faraoni* [Os livros de sabedoria dos faraós], Milão, Mondadori, 1985, p. 135.

crise econômica e financeira dos últimos oitenta anos, em que a produção, a Bolsa e o consumo entraram em queda livre. Manuel Castells escreveu:

> Por um momento, pareceu que o pêndulo da história havia devolvido ao Estado o papel de protagonista econômico, com o resgate das instituições financeiras e das grandes empresas na falência. Obama, o G20 e a União Europeia redescobriram a necessidade de regulamentar publicamente a irresponsabilidade privada [...]. O endividamento público absorveu a dívida privada, e a política se empenhou em salvar os que haviam ganhado mais com o capitalismo virtual. No entanto, restou bem pouco aos governos para que continuassem a financiar as despesas sociais em uma economia que estava de joelhos. Vejam então que o mercado não funciona mais como antes, e o Estado não corre mais em seu auxílio, mas, em vez disso, impõe cortes à maioria dos cidadãos [...]; assim, não funcionam nem o mercado, nem o Estado, nem os dois juntos[6].

É isso que está acontecendo, e a cobaia é a Grécia. Um cenário que fez Jacques Attali, conselheiro bastante ouvido por vários presidentes franceses, levantar questões há muito esquecidas:

---
6 M. Castells, "Le nuove culture della crisi" [As novas culturas da crise], *Internazionale*, 11 de junho de 2010.

Dia após dia, a democracia recua frente ao mercado. E assim se prepara uma nova crise financeira, que poderia minar todos os esforços de redução do déficit orçamentário. E depois? O que vamos fazer? Nada, obviamente, exceto fazer com que os contribuintes paguem. No passado, por muito menos, estouraram revoluções[7].

Em contrapartida, as crises jamais representam um desperdício porque são uma oportunidade, embora difícil e dolorosa, para repensar. Castells, de novo:

> Quando as nossas ideias sobre economia param de funcionar na prática, procuramos por outras, algumas vezes na profunda escuridão do nosso ser, outras, na nossa capacidade de imaginar mundos diferentes [...]. Uma cultura de cooperação que substitui a competição afirma o tempo da vida sobre o tempo do viver para consumir e aponta para a natureza e para a desintoxicação de tudo o que é químico. Aproveita a crise para repensar a insensatez de uma vida louca [...]; a vida depois da crise dependerá da cultura que prevalecer[8].

Caminhar prefigura essa nova cultura. Em um discurso esclarecedor, Alex Langer nos mostrou isso, desmon-

---

[7] J. Attali, "Il G20 non serve a niente" [O G20 não serve para nada], *Internazionale*, 2 de julho de 2010.
[8] Castells, "Le nuove culture della crisi", op. cit.

tando o famoso lema cunhado pelo Barão de Coubertin para as olimpíadas modernas:

> *citius*, mais rápido, *altius*, mais alto, *fortius* mais forte, mais potente [...]. Hoje, essas três palavras bem poderiam ser adotadas como a quinta-essência da nossa civilização e da competição da nossa civilização: esforcem-se para ser mais rápidos, para chegar mais alto e para ser mais fortes. Essa é parte da mensagem principal que nos é passada. Eu lhes proponho o contrário, eu lhes proponho o *lentius*, *profundius* e *soavius*, isto é, dar uma reviravolta em cada um desses termos; mais lento em vez de mais rápido, mais profundo em vez de mais alto e com mais doçura e suavidade em vez de com mais força, energia e músculos, em outras palavras, mais bombásticos[9].

Se pensarmos que isso foi em 1994, perceberemos a provocação intelectual e a carga subversiva que esse discurso contém. O próprio Langer demonstra estar ciente disso quando, enfim, de modo significativo, assume justamente a caminhada, o deslocamento a pé, como referência: "Com esse lema não se vence nenhuma batalha pela frente, mas talvez se ganhe mais fôlego"[10]. Para continuar a caminhar,

---
9 Langer apud G. Tedesco, *Alexander Langer*, Bolonha, Edizioni Dal Basso, 2003, p. 85.
10 Ibid.

para (r)e(s)xistir. O raciocínio de Langer é forçado, de forma evidente e intencional, mas a fim de se tornar mais explícito e direto. Com efeito, não se trata de substituir um valor absoluto e a ideologia da velocidade pela sua oposta, a da lentidão, mas de reconhecer e dar valor ao amálgama, à mistura de rapidez e lentidão de que é feita nossa vida.

Quem caminha sabe, por experiência direta, que são as circunstâncias ou o nosso estado de espírito que nos motivam a sermos mais rápidos ou não, as metafísicas não ajudam. Somos mais ricos, complexos; e, sim, também complicados demais, para sermos reduzidos a uma única dimensão. É novamente a língua latina, dotada do feliz dom da síntese, que expressa, em duas palavras, tal verdade e tal raciocínio: *festina lente* (apressa-te lentamente).

Feliz união em que a rapidez e a lentidão não se excluem, tocam-se, uma inclinando-se em direção à outra, e ambas nos devolvendo a verdade da nossa vida.

Faz tempo que sabemos que estamos em um planeta que não é infinito e que, se quiséssemos estender a todo este planeta finito o estilo de vida norte-americano de produção e consumo, precisaríamos não de um, mas de seis planetas Terra, os quais, ao que parece, pelo menos neste momento, não temos em estoque.

Faz tempo que sabemos da crise climática que estamos vivendo. No fim das contas, ligando todos os fatos, o que deveria ser a glória da espécie humana leva a uma conclusão bem clara: essa racionalidade econômica, ainda antes dos efeitos nefastos que todos nós temos diante dos olhos, destruiu a razão.

Disso resulta a revelação de outra abordagem, de outra perspectiva, de outra mentalidade:

> A rigor, no plano teórico, mais do que de-crescimento, deveríamos falar de não crescimento, assim como se fala de não teísmo*. Com efeito, trata-se exatamente de abandonar uma fé ou uma religião – a da economia, do progresso e do desenvolvimento –, trata-se de rejeitar o culto irracional e quase idólatra do crescimento como um fim em si mesmo [...]. Podemos imaginar a catástrofe que uma taxa de crescimento negativa iria provocar! Como não há nada pior do que uma sociedade do trabalho sem trabalho, também não há nada pior do que uma sociedade do crescimento na qual o crescimento se torna fugaz. Esse retrocesso social e civil é exatamente o que nos espera se não mudarmos a direção do nosso movimento. Por todas essas razões, o decrescimento só é concebível no seio de uma "sociedade do decrescimento", ou seja, no quadro de um sistema baseado em uma lógica diferente [...]. O seu objetivo é uma sociedade na qual se viverá melhor trabalhando e consumindo menos[11].

---

* No original, "a-crescita" (não crescimento) e "a-teismo" (ateísmo). (N. T.)
11 S. Latouche, *Breve trattato sulla decrescita serena* [*Pequeno tratado do decrescimento sereno*], Turim, Bollati Boringhieri, 2008, p. 18.

Essas palavras, escritas por Serge Latouche, o maior expoente do decrescimento, têm sabor profético, porque não foram proferidas hoje, mas em 2007. Se as consideramos proféticas e chocantes é porque constatamos amargamente o extraordinário salto que demos para trás, tanto política quanto culturalmente.

Para compreender isso plenamente, basta que se leia um famoso discurso do final dos anos 1960, de autoria de Bob Kennedy, candidato à presidência dos Estados Unidos, assassinado em circunstâncias obscuras, como aconteceu com seu irmão:

> O Produto Interno Bruto inclui a poluição do ar, a publicidade de cigarros e as ambulâncias para desobstruir as estradas da carnificina do final de semana. Inclui a destruição das sequoias e a perda das nossas belezas naturais. Inclui o *napalm*, as ogivas nucleares e os veículos blindados usados pela polícia para reprimir as revoltas das nossas cidades. Inclui os programas de TV que fazem apologia da violência para vender mais brinquedos para as nossas crianças. O Produto Interno Bruto, porém, não inclui a saúde da nossa família, a qualidade da sua educação, não inclui a beleza da nossa poesia, a inteligência do nosso debate ou a honestidade dos nossos funcionários públicos. Não mede a nossa vivacidade ou a nossa coragem, a nossa sabedoria ou o nosso saber, a nossa compaixão ou a devoção pelo nosso país. Mede

tudo, sucintamente, exceto aquilo que torna a vida verdadeiramente digna de ser vivida. Pode nos dizer tudo sobre a América, menos por que temos orgulho de sermos americanos[12].

Quem caminha coloca em primeiro lugar – ou então faria outras escolhas – o caráter e os bens imateriais, em particular a beleza, de que falaremos depois, coisas que, para Bob Kennedy, tornam "a vida verdadeiramente digna de ser vivida".

Se hoje estamos discutindo isso é por causa da crise que produziu crescimento abaixo de zero e desemprego, certamente não por causa da visão e da inteligência que emana daquelas elites. Chega-se a esse ponto não por uma escolha consciente, mas por uma necessidade imposta pelos fatos. É a mesma diferença que existe entre a abstinência sexual e a impotência: o resultado é o mesmo, as razões são opostas. Provavelmente, deve ser típico da natureza humana, da nossa índole, nos mexer e promover mudanças apenas quando estamos no olho do furacão. Primeiro, a gente vive de qualquer jeito, ou seja, sem refletir[13].

---

12 R. Kennedy, Universidade do Kansas, 18 de março de 1968.
13 Faz tempo que o critério do PIB está em discussão. Lembro aqui o ótimo trabalho desenvolvido desde 2003 pela campanha "Sbilanciamoci" [N. T.: "percamos o equilíbrio", "oscilemos", "suplantemo-nos"], que desenvolveu o Quars, [sigla em italiano para] Índice da Qualidade do Desenvolvimento Regional, levando em consideração, além do Produto Interno Bruto, outros fatores, entre os quais: a coleta seletiva, os serviços

Não se trata, também aqui, de contrapor a esse fundamentalismo do crescimento outro fundamentalismo igual e contrário, chamado decrescimento ou não crescimento; trata-se de estarmos conscientes de que é urgente e inadiável mudar em direção a uma transformação ecológica da economia e da sociedade. Isso importa em que alguns fatores cresçam, outros permaneçam estacionados, outros ainda decresçam.

É necessário pular fora da obsessão produção-consumo-crescimento, sem dar muita importância ao que se produz, ao que se consome, ao que cresce. E, acima de tudo, é necessário procurar soluções melhores, não mais dentro da visão quantitativa que levou à atual situação, porque os estragos provocados por essa lógica quantitativa não são apenas de natureza econômica ou ecológica, mas atropelam a nossa existência, provocando um estrago bem mais grave e profundo: "O homem está se diminuindo, reduzido em sua condição a simples número, rebaixado à categoria de número"[14], escreveu María Zambrano já no longínquo ano de 1955.

---

públicos, a densidade populacional. Resulta em um quadro mais completo e com surpresas impressionantes. A Lombardia, segundo lugar pelo PIB, desce para o oitavo; o Lácio, do quinto, para o décimo segundo; as regiões do Sul, exceto a Basilicata, ratificam as últimas posições nos dois paradigmas; ao contrário do Trentino e do Vale d'Aosta, no topo em ambas as classificações; por fim, as regiões centrais têm qualidade de vida melhor em relação ao PIB. Recentemente, o presidente francês, Sarkozy, instituiu uma comissão internacional para substituir o critério do PIB.

14 Zambrano, *L'uomo e Il divino*, cit., p. 18.

Nesse reino da quantidade e do número, a velocidade é uma viga.

Na verdade, já fomos bem além; de fato, não mais a velocidade, mas a pressa é o novo símbolo de *status*; se você é um apressado, você é uma pessoa importante, que conta.

Contudo... cada coisa a seu tempo, a semeadura e a colheita não acontecem nem antes nem depois, só no tempo oportuno, propício.

Contudo... seria de se pensar que o tumor, a doença do nosso tempo, não é senão uma guerra de velocidade entre células esquecidas do próprio tempo.

Contudo... na Itália, por ano, morre-se oito vezes mais por acidentes de carro, causados quase sempre pela alta velocidade, do que por homicídios.

Essa é a outra face da rapidez, a qual não queremos ver e da qual não queremos saber; por isso, não somos capazes de dominá-la, mesmo que ela possa nos ensinar muitas coisas simplesmente se lhe dermos, e nos dermos, tempo para isso.

Caminhar é divagar: a partir de um caminho sinalizado, de uma via principal, para seguir outros caminhos, outras vias mais afastadas, mais marginais, secundárias ou que foram vistas de passagem.

Caminhar é parar: porque temos vontade, porque as pernas, porque o lugar ou a luz, porque...

Divagar e parar: atividades humanas, demasiado humanas, incompatíveis com as máquinas e com o mito da velocidade. Somos feitos para perder tempo, divagar, estacionar, contemplar. Não é um defeito a ser corrigido, um dano a ser reparado, uma doença a ser curada. Muito pelo contrário; é isso que nos torna únicos e irredutíveis a máquinas e à cultura mecanicista. Reza a palavra sagrada: à imagem e semelhança de Deus. E o falatório de hoje diz: à imagem e semelhança das máquinas.

Caminhar é um triplo movimento: não nos apressar; acolher o mundo; não nos esquecer de nós mesmos no caminho.

Aprender a soltar

Em 1977, Erich Fromm intitulava *Ter ou ser?* o seu livro que ficou mais conhecido. A resposta à pergunta-título foi soprada com o vento com tal intensidade e força que aquela pergunta, hoje em dia, parece pertencer a outra era geológica. Somos, sem sombra de dúvida, a sociedade do ter, na qual possuir e apropriar-se das coisas é um entre tantos valores indiscutíveis.

A política perdeu seu horizonte de reflexão e, dessa forma, aceita e toma emprestada dos outros a própria linguagem, muitas vezes se socorrendo da sociologia. A política introduziu cada vez mais no seu discurso público a categoria do cidadão-consumidor. Como se dizer apenas "cidadão" não fosse mais suficiente, como se não bastasse mais. É o paradoxo do acréscimo que retira, da especificação que não distingue, e, em vez disso, nos oprime a todos e faz do consumo o centro, o fulcro da nossa existência, a virtude mais eminente da nossa vida como cidadãos. Mais: ele vira a qualidade humana por excelência. O contrário dos cidadãos críticos, ativos, capazes de se organizar e de exprimir a autonomia e a autodisciplina, aconselhadas, já no século XIX, por John Stuart Mill, virtudes essenciais para tornar fortes e importantes as democracias.

Não, consumidores. Todos em fila para comprar, numa ânsia exibicionista que gera monstros.

Quanto tempo será necessário para que, como Diógenes perambulando pelo mercado, possamos dizer: "Como tenho sorte, veja de quanta coisa não preciso".

Fica uma pergunta em aberto: no que se transforma ou o que sobra de uma democracia embasada no consumo e na desigualdade? Pergunta excêntrica? De modo algum, porque o tema da desigualdade tem a ver com o caminhar.

Quem caminha vive sempre uma experiência binária: da diferença e da igualdade, da individualidade e da sociabilidade, de si mesmo e do mundo. Caminha-se sempre dentro de um contexto natural e de um contexto social: e, como já dissemos, uma vez que os pés fazem o pensamento se movimentar, é inevitável questionar e questionar-se.

Não é por acaso então que Jean-Jacques Rousseau colocou no centro da reflexão política e filosófica moderna o tema da igualdade, bem ele, que escrevia:

> Nunca pensei tanto, existi tanto, vivi tanto, nunca fui mais eu próprio, se é que assim se pode dizer, quanto

naquelas viagens que fiz sozinho e a pé. A caminhada tem algo que anima e reaviva minhas ideias: quase não posso pensar quando fico parado, é preciso que o meu corpo esteja em movimento para impulsionar minha mente[1].

Conta-se que, justamente por ter-se demorado muito em uma longa caminhada, encontrou barradas as portas da cidade de Genebra, e então tomou a decisão que marcou sua vida: abandonar a família e aquele ambiente social – para ele insustentável – e sair à procura de outra vida e de outro ambiente. Caminhou por tudo quanto é lado, pela Suíça, pela Itália, pela França; era o tempo das Luzes, que precedeu a Revolução Francesa e lhe transmitiu o amor à liberdade, bem como uma crítica implacável e feroz contra a sociedade, origem de desigualdade.

> O homem nasceu livre e em toda parte está acorrentado. Aquele que se julga senhor dos outros é contudo mais escravo deles. Como ocorreu essa transformação? Ignoro. O que poderia fazê-la legítima? Creio poder resolver esse problema[2].

Esse é o início fulgurante de *O contrato social*.

---

1 J.-J. Rousseau, *Le confessioni* [Confissões], Turim, Einaudi, 1978, p. 177.
2 J.-J. Rousseau, *Vita, pensiero, opere scelte* [Vida, pensamento, obras escolhidas], Milão, Edizioni Il Sole 24 Ore, 2006, p. 240.

Na diferença em relação às outras pessoas que encontramos ao longo do caminho, sempre acabamos achando uma origem comum. A partir desse inextricável entrelaçamento, quem caminha vive uma experiência direta, ao mesmo tempo que faz sempre uma descoberta. Que o movimento, que o ritmo tem a mesma natureza da igualdade é uma conclusão a que Elias Canetti já havia chegado, quando dividiu a massa em estagnada e rítmica. A primeira se caracteriza pela concentração, como ocorre nos concertos ou nos estádios; "pelo contrário, na massa rítmica, igualdade e concentração coincidem desde o princípio. Tudo, aqui, depende do movimento"[3]. Mas o que hoje liga de maneira decisiva o tema da igualdade à experiência de caminhar é o fato de que nenhum deles se harmoniza com o excesso, com o supérfluo.

Em uma entrevista, Wolfgang Sachs lembrava a afirmação de Ivan Illich, de que o socialismo passava pelo uso da bicicleta:

> Foi uma provocação do ano de 1974 que, para mim, antes de mais nada diz que a igualdade só é possível quando viaja acompanhada da moderação. Illich recomendava atenção, porque não pode existir igualdade no plano da "soberba" [...]. A outra mensagem de Illich é que não haverá felicidade maior sem moderação[4].

---

3 Canetti, *Massa e potere*, cit., p. 36.
4 W. Sachs, *La crescita infinita è nemica della felicità* [O crescimento infinito é inimigo da felicidade], entrevista de A. Pacilli a W. Sachs, *Carta*, 2007, 9.

E a palavra "moderação" aparece, não por acaso, no conto *La passeggiata*, do grande escritor e fanático caminhante Robert Walser, que diz ao protagonista, seu *alter ego*: "Na realidade amo a calma e o que é calmo, a parcimônia e a moderação, e evito da maneira mais obstinada qualquer pressa e precipitação"[5]. Tais conceitos e palavras com certeza chegaram até nós.

Voltemos a Kaváfis, porque é ele mais uma vez quem, no início do seu poema, nos coloca diante de uma verdade essencial. Para zarpar, para caminhar, é necessário antes de mais nada comprar uma briga contra os ídolos e demônios que nos habitam e nos impedem a viagem.

> Os lestrigões e os ciclopes,
> o selvagem Poseidon, não encontrarás,
> se não os levares contigo, na tua alma,
> se a tua alma não os erguer diante de ti[6].

Ou então Sêneca:

> O teu espírito deve mudar [...] porque tu foges sempre em companhia de ti próprio[7].

---

5 R. Walser, *La passeggiata* [*O passeio e outras histórias*], Milão, Adelphi, 1980, p. 27.
6 Kavafis, *Poesie*, cit., p. 45.
7 Sêneca, *Lettere a Lucilio* [*Aprendendo a viver*], Milão, Rizzoli, 1992, p. 209.

Os ídolos nos fazem escravos, e os escravos não zarpam, não caminham. Os escravos seguem.

> O povo, vendo que Moisés tardava em descer da montanha, cercou Arão e lhe disse: "Faze-nos um Deus que caminhe diante de nós".[8]

Diante das dificuldades, sempre aparece essa infeliz tentação de se fabricar um bezerro de ouro e andar atrás dele, esperando que nos salve.

Ora, o primeiro ídolo a ser abatido – quem caminha sabe disso – é a autossuficiência orgulhosa, a soberba. É justamente a atitude que Illich considerava incompatível com a igualdade. Por isso, o caminhar e a igualdade andam juntos: no excesso e na soberba não há igualdade, com excesso e soberba não se caminha. E é sempre por isso que quem caminha adquire humildade, seja por necessidade, seja por virtude própria, aprende a não se considerar autossuficiente, a ver os outros como semelhantes, dos quais, na imprevisibilidade do caminho, se pode precisar. A etimologia nos ensina que a humildade é palavra central e qualidade eminente do caminhar: *humilitas* tem uma relação direta com o húmus, com a terra. É percorrendo com os nossos pés o húmus que adquirimos *humilitas*; é através dos pés que nos fazemos humildes. Para quem crê, essa é a condição imprescindível para "caminhar com Deus".

---

8 Êxodo, 32:1.

Foi-te anunciado, ó homem, o que é o bem,
o que o Senhor quer de ti;
nada senão que faças justiça,
e ames a misericórdia,
e caminhes humildemente com o teu Deus.[9]

Caminhar humildemente significa abaixar-se, à semelhança do Senhor que se abaixou para nós, como o seu Filho, que, ao se aproximar da hora extrema, inclinou-se para lavar os pés dos discípulos.

> Saiu da mesa, tirou as vestes e, tomando uma toalha, cingiu-se. Em seguida, despejada a água em uma bacia, começou a lavar os pés dos discípulos e a enxugá-los com o pano com que estava cingido [...] depois que lavou os pés deles e recolheu as suas vestes, voltou à mesa e lhes disse: "Entendeis o que vos tenho feito? Vós me chamais de Mestre e Senhor, e fazei bem, porque eu o sou. Ora, se eu, Mestre e Senhor, vos lavei os pés, também vós deveis lavar os pés uns aos outros. Dei-vos o exemplo para que também façais como vos fiz".[10]

Erri De Luca escreveu: "Abrace os homens pelos pés, onde repousa o peso e a estatura de cada um; os pés que não

---

9 Miqueias, 6:8.
10 João, 13:4; 13:12. João é o único dos quatro evangelistas a narrar esse episódio que teve e ainda tem um lugar importante no rito pascal.

carregam coroas"[11]. E nos lembra de que "fornecer água para refrescar as pernas do caminhante era a primeira e mais perfeita forma de hospitalidade"[12]. Só assim, fazendo-se pequeno e humilde, pode-se esperar "caminhar com Deus". É devido a isso, e não devido ao acaso, que não é próprio dos textos sagrados, que o símbolo do orgulho e da soberba é exatamente um ser sem pernas, que não pode caminhar:

> Então o Senhor Deus disse à serpente:
> "Porquanto fizeste isso, serás tu a mais maldita de todos os animais
> e de todos os bichos selvagens;
> caminharás sobre o teu ventre,
> e pó comerás
> por todos os dias da tua vida".[13]

Para caminhar é necessário, como literalmente reza o Eclesiastes, a "extensão do fôlego", isto é, o espírito calmo e paciente, e não a "estatura do fôlego", um espírito impaciente e soberbo.

Quem é humilde caminha, com Deus ou sem Deus; quem é soberbo não caminha, rasteja.

---

11 E. De Luca, *Penultime notizie circa Ieshu/Gesù* [Penúltimas notícias sobre Yeshu/Jesus], Pádua, Edizioni Messaggero Padova, 2009, p. 61.
12 E. De Luca e G. Matino, *Almeno 5* [Ao menos 5], Milão, Feltrinelli, 2008, p. 20.
13 Gênesis, 3:14.

A humildade é a alma do caminhar.

É evidente o quanto tudo isso está em contraste com o pensamento e o comportamento modernos. E, como quem caminha faz isso sempre em um contexto, volta a questão já levantada: no que se transforma e o que resta de uma democracia – a nossa – baseada no consumo e na desigualdade?

Paul Ginsborg escreveu:

> O processo democrático está fortemente exposto ao chamado "crony capitalism", um capitalismo baseado em amizades instrumentais. Eleições são vencidas a fim de conceder lucrativas concessões aos financiadores ou para colocar os amigos e, em muitas democracias, os familiares em posições de prestígio [...]. Diante de tudo isso, o cidadão critica com ferocidade a classe política, mas, secretamente (ou abertamente), aspira galgar um dos numerosos degraus clientelistas que constituem o mecanismo de numerosos Estados democráticos contemporâneos[14].

É o retrato da Itália de hoje, onde, ainda antes do declínio econômico, a degradação ética é o que mais impressiona, porque corrói um povo e uma democracia, conforme nos ensina a história.

---

14 P. Ginsborg, *La democrazia che non c'è* [*A democracia que não há*], Turim, Einaudi, 2006, p. 40.

Ginsborg fala de "crony capitalism"; Colin Crouch, de "pós-democracia":

> A ideia de pós-democracia nos ajuda a descrever situações em que a uma conjuntura de tédio, frustração e desilusão se segue uma fase democrática; quando os interesses de uma minoria são capazes de dobrar o sistema político aos próprios interesses; quando as elites políticas passaram a manipular e guiar as necessidades das pessoas. Não é uma fase de ausência de democracia, mas uma fase de declínio da democracia [...]; as consequências desse processo já se verificam em muitos países: a prosperidade como caridade para os pobres e inexistência de direitos universais de cidadania; os sindicatos, abandonados; as funções policiais e carcereiras do Estado voltando a ficar em evidência; a distância entre ricos e pobres cresce; os políticos atendem cada vez mais aos fortes poderes econômicos; a taxação se presta menos à redistribuição de renda; os pobres se desinteressam pela política e não vão votar [...]. Hoje, com a crescente dependência dos governos em relação às multinacionais e dos partidos em relação aos financiamentos das empresas, estamos caminhando para a formação de uma nova classe dominante, política e econômica, em que riqueza, poder e papel político se somam. Esse é o elemento central da crise da democracia, no alvorecer do século XXI. E isso se mistura com as dificuldades da política igualitária, que tem sido um pilar do desen-

volvimento democrático, na verdade, um dos objetivos políticos-chave das elites multinacionais é exatamente combater o igualitarismo [...]. Nas sociedades não democráticas, os privilégios de classe são desfraldados; a democracia desafia tais privilégios; a pós-democracia nega a existência de privilégios e de classes subalternas[15].

Na análise de Crouch – mais impressionante se pensarmos que data de 2003, quando certos fenômenos não eram tão evidentes –, existe um ponto essencial há muito negligenciado, ignorado, afastado: a relação existente, ou que deveria existir, entre democracia e igualdade. Trata-se de um nexo evidente e que se pode identificar no artigo 3º da Constituição italiana:

> É dever da República remover os obstáculos de ordem econômica e social, que, limitando de fato a liberdade e a igualdade dos cidadãos, impedem o pleno desenvolvimento da pessoa humana e a efetiva participação de todos os trabalhadores na organização política, econômica e social do país*.

---

15 C. Crouch, *Postdemocrazia* [Pós-democracia], Roma-Bari, Laterza, 2003, p. 25 e 61.

* Paralelamente a essas disposições, a Constituição brasileira em vigor, de 1988, prevê uma série de princípios que garantem a igualdade jurídica e social; por exemplo, o art. 5º, com mais de setenta incisos, estabelece, entre outras coisas, a igualdade de todos perante a lei, e o art. 6º, que estabelece, entre os direitos sociais de todos os cidadãos, educação, saúde, alimentação, trabalho, moradia, lazer, segurança, proteção da maternidade etc. (N. T.)

Está expressa aí a profunda convicção dos constituintes de que, sem igualdade, não existe democracia. Com o tempo, essa verdade foi considerada fruto de uma mentalidade arcaica, contrária aos novos tempos que avançam impetuosamente.

Em uma época na qual democracia e igualdade recuam visivelmente, caminhar é sempre mais árduo. Uma verdade aprendida com a história é que, nos regimes ditatoriais, o movimento, em todas as suas formas, foi visto com suspeita, elemento de perturbação que deve ser mantido sob rédea curta, porque quebra a ordem imposta; é bem sabido que, para se locomover, passam a ser exigidos carimbos e autorizações, e, muitas vezes, não é possível caminhar sozinho. Assim, a possibilidade de se deslocar a pé – o mais incontrolado e incontrolável de todos os movimentos – é totalmente inconcebível e, portanto, quase sempre severamente proibida. Ao mesmo tempo, as profundas desigualdades colecionadas nas últimas décadas alimentaram verdadeiros fenômenos de segregação social, que tornam inatingíveis e inacessíveis os mecanismos de defesa de uma ordem buscada e desejada, que não seja imposta. Não surpreende, portanto, que a marcha seja desde sempre a forma mais comum de manifestação política, não só pela facilidade e pelo imediatismo – outras formas poderiam ser utilizadas hoje –, mas também porque responde exatamente a essa vocação profunda, a essa marca indelével que o caminhar traz consigo: transgride e concentra, desordena e mobiliza, transmite força e identidade, interna ou externa. Em 30 de abril de 1997, catorze mulheres se encontraram no centro de Buenos Aires, na Plaza de Mayo, para lembrar seus filhos e maridos desaparecidos. Esses filhos e maridos não se retiraram, foram retirados pelo regime militar, o mesmo que, com aviões e helicópteros, jogou-os aos milhares no mar.

> Muito tempo depois, aquelas mulheres chamaram sua caminhada de marcha e não de passeata, porque se sentiam marchando em direção a uma meta, não apenas andando em círculos sem um objetivo [...]. "Disseram-me que caminhando sentem-se bem próximas dos filhos", escreveu a poetisa Marjorie Agosín, que caminhou com elas[16].

Essas mães romperam o silêncio e contribuíram para a queda da junta militar em 1983. Todavia, mesmo agora que existe um regime democrático, não pararam de caminhar: toda quinta-feira estão ali, em torno do obelisco da Plaza de Mayo, caminhando em sentido anti-horário.

Na confusão de vozes que repetem sempre as mesmas coisas, o economista Jean-Paul Fitoussi, que, juntamente

---

16 R. Solnit, *Storia del camminare* [História do caminhar], Milão, Bruno Mondadori, 2005, p. 258.

com o prêmio Nobel Joseph Stiglitz preparou para a ONU um memorando sobre como sair da crise, deu a receita:

> As sociedades ficaram individualistas e sem coesão, e isso permitiu que se atingisse enorme grau de desigualdade. Deve-se partir daí. Quem tem pouco teve ainda menos, quem tem muito, ainda mais [...]; os políticos mudaram os indicadores e não dão mais atenção aos indicadores sociais. De fato, fizeram exatamente o contrário e deram ênfase à competitividade [...]. Primeiro: combate-se as causas do aumento da desigualdade. Em seguida, deve-se voltar a um sistema fiscal que não privilegie sempre os mais ricos. E abandonar o sonho de ter rendimentos de dois dígitos sobre o capital: isso não existe. Vivemos um sonho: ganhar dinheiro sem trabalhar. É preciso voltar à Terra[17].

Outro pilar da análise de Crouch ruiu em poucas semanas: o mito do mercado capaz de se autorregular. E descobriu-se uma verdade tão óbvia quanto oculta: o Estado e a população têm o papel fundamental de garantir o bom funcionamento do sistema econômico e das políticas de equidade e tutelas, o que o mercado, sozinho, não está em condições de fazer. Aliás, nem seria necessário ir tão longe,

---

17 J.-P. Fitoussi, "Dalla crisi si esce così" [Da crise se sai assim], *L'Espresso*, 11 de junho de 2009.

bastaria lembrar um velho e autêntico liberal como Luigi Einaudi, que explicava que o mercado não era mais do que um impassível instrumento econômico, no qual demandas – em vez de necessidades – são satisfeitas; portanto, o mercado ignora a justiça, a moral e os valores humanos. Restou o inglório mistério sobre como a esquerda italiana de matriz socialista ou comunista o removeu ou o renegou.

Hoje temos uma contraprova factual disso: dentro da crise estão melhor e reagem melhor os países onde a coesão social é maior, onde as desigualdades são menores, onde o Estado social e os serviços públicos são fortes e abrangentes, como nos países escandinavos. É a confirmação de que a crise é, antes de mais nada, fruto de um pensamento, de uma proposta cultural que quis apagar a palavra igualdade do vocabulário. No final, volta, amargamente atual, a frase de um importante homem de negócios e conselheiro político norte-americano, Mark Hanna, que amava repetir que na democracia existem duas coisas importantes: a primeira é o dinheiro e a segunda... ele não se lembrava; um pequeno detalhe é que estamos falando de fins do século XIX.

Como sempre acontece, há uma ideologia que informou as nossas sociedades, dando sustentação e motivações a esse mecanismo perverso que Zygmunt Bauman chamou ideologia da privatização, feita sob medida para a moderna sociedade de consumidores; nela, a sociedade desaparece e, diante dos problemas sociais, existem somente soluções que podem ser buscadas individualmente; nela, não existem injustiças, mas tudo se resume a ofensa pessoal, em que o empenho coletivo e a responsabilidade em relação aos outros são fraquezas a eliminar.

> Até a utopia foi paralisada. Da utopia sumiu o *topos*: a visão de um lugar. As utopias modernas (e toda a publicidade de um novo *gadget* ou de um novo cosmético ou de uma nova receita para emagrecer desenha um quadro de felicidade utópica) não falam mais de um país bem administrado, mas de uma melhora da minha situação individual, aqui e agora. Não associamos mais a esperança de um futuro melhor a um sábio legislador ou a um esforço conjunto, mas à esperteza, à arte de se arranjar[18].

Nessa dimensão individualista entregar-se ao consumo é o que há de mais simples, e, quanto mais baixa a condição social e cultural, mais o consumo se converte em um substituto para compensar a própria condição. Walter Siti, autor do romance *Il contagio*, cujo tema é o povo das *borgate** romanas, observou agudamente:

---

18 Z. Bauman, "Riprendiamoci le nostre utopie" [Recuperemos as nossas utopias], *L'Espresso*, 7 de janeiro de 2010.
 * *Borgate* (plural de *borgata*) são bairros bem periféricos e muito pobres; seus habitantes são chamados *borgatari*. (N. T.)

As *borgate* já estavam prontas e acabadas para serem abarrotadas de objetos de consumo. Imagine o fascínio quase mágico que têm pela tecnologia. Os *borgatari* estão sempre munidos do último *gadget* tecnológico. Talvez não possuam algumas coisas que você considere essenciais, como o caixa eletrônico ou o cartão do sistema de saúde, mas seguramente possuem o último modelo de celular ou uma TV de plasma, do tamanho de uma casa. Quanto mais você está inseguro quanto à sua identidade, mais procura por um acessório de marca (o original, não uma falsificação de araque, não importa como você o conseguiu). Em suma, ao necessário se pode renunciar, mas ao supérfluo, não[19].

Ora, essa democracia do consumo, que privatiza todos os âmbitos da existência e da sociedade, essa pulsão de se apropriar, que, quanto mais supérflua é, mais obsessiva fica, é incompatível com o caminhar.

Quem caminha sabe que eliminar o supérfluo é um dos primeiros mandamentos. Para caminhar é preciso estar leve, e para estar leve, é preciso restringir-se ao essencial.

> Jesus o Messias (a paz e a graça de Deus estejam sobre Ele!)
> Não levava consigo mais que um pente e um cântaro

---
19 W. Siti, *Ricominciamo dalle periferie* [Recomecemos a partir das periferias], M. Ilardi e E. Scandurra (Org.), Roma, manifestolibri, 2009, p. 138.

> Viu um homem que penteava a barba com os dedos e jogou fora o pente.
> Viu outro que bebia de um córrego com as mãos e jogou fora o cântaro[20].

Restringir-se ao essencial significa dar valor às coisas, reconhecer a alma mais verdadeira. E, então, decidir. Decidir o que você levará consigo no caminho e o que deixará. Parece nada, mas é tudo. No conto "O Urso", de William Faulkner, o protagonista é um rapaz:

> Ele deixara o campo havia nove horas, e dentro de nove horas já estaria escuro há uma hora. Parou, pela primeira vez desde que tinha se levantado do tronco, depois que finalmente havia conseguido ver a bússola, e olhou em volta enxugando com a manga o rosto suado. Já havia anunciado por sua própria vontade, por uma necessidade sua, com toda humildade e tranquilidade, e sem remorsos, mas não bastava, ter deixado a espingarda não bastava. Parou por um instante – uma criança, intrusa, perdida no imenso verde escuro da natureza virgem. Depois, sucumbiu a eles completamente. Sim, o relógio e a bússola. Ainda estava impuro. Tirou um da corrente e o outro do cinto das calças, pendurou-os em um arbusto, encostou por ali o bastão e a penetrou[21].

---

20 S. Chialà, *Parole in cammino* [Palavras a caminho], Magnano, Qiqajon, 2006, p. 63.
21 W. Faulkner, *Go Down, Moses* [Desça, Moisés], Turim, Einaudi, 2002, p. 183.

Suttree, protagonista do romance homônimo de Cormac McCarthy, no fim da história decide sair da cidade onde viveu.

> Suttree levantou uma mão, girou sobre os calcanhares e prosseguiu. Havia se desvencilhado do minúsculo fetiche embrulhado e de seus outros amuletos, deixando-os num lugar onde, enquanto estivesse vivo, ninguém os encontrasse, e, à guisa de talismã, levava consigo apenas o humilde coração humano que tinha dentro de si. Caminhando pela última vez por aquela rua estreita, sentiu que tudo se desprendia dele. Até que não restou mais nada do que se desfazer. Tudo havia desaparecido. Nenhum vestígio, nenhum rastro. A pista se perdia lá em Front Street onde todas as coisas que havia sido se misturavam como imagens de um teatro de sombras, logo que aparecem já se dissipam. Depois, nada mais. Alguns rumores. Palavras vazias ao vento[22].

É significativo que tanto em Faulkner quanto em McCarthy as palavras "humildade" e "humilde" são repetidas para nos falar de duas opções: comprometer-se com o caminho e abandonar as coisas.

"Aprender a viver é aprender a soltar", ensina o mestre tibetano Sogyal Rinpoche[23]. Não nos será possível

---
22 C. McCarthy, *Suttree*, Turim, Einaudi, 2009, p. 557.
23 S. Rinpoche, *Riflessioni quotidiane sul vivere e sul morire* [Reflexões cotidianas sobre viver e morrer], Roma, Astrolabio Ubaldini, 1996.

nem acolher o mundo nem estar presentes para nós mesmos no caminho se estivermos sobrecarregados, esmagados por excesso de peso: "Quem pouco possui, tanto menos é possuído"[24], assim falou Zaratustra. E as coisas que se deve soltar não são apenas os objetos materiais, o cântaro e o pente ou a bússola e o bastão, mas, como já vimos, os objetos mentais, quase sempre os mais pesados. Assim escreve Sêneca ao amigo Lucílio:

> Crês que só aconteceu contigo, e te admiras como se fosse um fato estranho não ter conseguido te libertar da tristeza e do enfado, apesar das longas viagens e da variedade dos lugares visitados. O teu espírito deve mudar, não o céu sob o qual vives [...]. Nenhum lugar te agradará até que tenhas abandonado o peso que tens na alma[25].

Quem caminha é uma presença cuja aspiração mais profunda e íntima é a que o cacique Seattle, chefe da tribo americana Suquamish, apontava: levar embora apenas lembranças e deixar nada mais que pegadas.

Caminhar é andar dentro e fora de nós, por isso tem uma profunda e indestrutível relação com o divino. Caminhando desenvolvemos atitudes e qualidades que são o ca-

---

24 Nietzsche, *Così parlò Zarathustra*, cit., p. 52.
25 Sêneca, op. cit., p. 209-11.

minho da busca e da realização espiritual: a atenção com o que está fora e a concentração com o que está dentro. E se estendemos o olhar para fora de nós: Israel realiza sua aliança com Deus, com o Êxodo do Egito, atravessando o mar e o deserto; os partidários das primeiras comunidades cristãs eram "os adeptos do Caminho", porque seguidores daquele Jesus que havia dito "Eu sou o caminho"; o islã e seu calendário são baseados na Hégira, a viagem que Maomé fez de Meca a Medina, onde ele cria a primeira comunidade. Desde então, a peregrinação tem representado essa relação especial, particular, que liga o caminhar ao universo espiritual e religioso, quase até se identificar por longo tempo com o próprio caminhar. Para ser, ao final, não mais o peregrino ou o viajante que faz o caminho, mas o próprio caminho.

> Um manual sufi, o Kashf al-Mahjub, diz que o dervixe, no fim da sua viagem, não se torna um caminhante, mas o Caminho, ou seja, o lugar em que alguma coisa está passando[26].

A leveza do caminhar: reduzir ao essencial; ser humilde para acolher o mundo que nos vem ao encontro; e criar um vazio dentro de nós, de modo que ainda nos surpreendamos e nos maravilhemos.

---
26 B. Chatwin, *Le Vie dei Canti* [*O rastro dos cantos*], Milão, Adelphi, 1988, p. 240.

Caminhar
nos faz livres

Pausa. Para tomar fôlego e, como acontece quando se caminha, para fazer um balanço.

Caminhar: é o gesto mais humano; liga meio e fim; dá tempo ao tempo; nutre-se de humildade e leveza e nos restitui ao essencial, de modo a nos permitir olhar para dentro e para fora de nós.

Tudo isso pode ser resumido a uma palavra, uma única palavra: liberdade.

Caminhar é um extraordinário exercício de liberdade.

De resto, existe uma relação antiga, original, entre caminhar e liberdade. Como revelou Hannah Arendt, na antiga Grécia, ser livre não tinha outro significado que não "poder circular segundo a própria vontade"[1].

---

1 H. Arendt, *Che cos'è la politica?*, cit., p. 34.

Que fique claro: estamos falando aqui de liberdade de ser, não de liberdade de produzir-consumir-imitar. E aquela liberdade não apenas vai inevitavelmente de encontro ao contexto social e cultural – aliás, jamais se deve esquecer de que, na *polis*, "circular segundo a própria vontade" era prerrogativa exclusiva do *pater familias*, e não da mulher ou do escravo, que eram excluídos –, mas, enquanto se afirma, enquanto afunda as suas raízes no ser, essa liberdade também sempre pode pôr algo em risco, até mesmo a vida.

O risco fora de nós: quem quer que eu encontre, o que pode acontecer comigo, os elementos naturais e os seres sencientes serão bondosos e generosos ou terei surpresas desagradáveis?

O risco dentro de nós: serei capaz de ficar atento a meus medos, saberei demolir os ídolos que não me fazem livre para caminhar? É também Arendt quem confirma:

> Que essa liberdade contenha *a priori* um elemento de risco, de audácia, é evidente; realmente, a casa, que o homem livre tinha a faculdade de abandonar, não era apenas o lugar em que as pessoas eram dominadas pela necessidade e pela coerção: era também o lugar onde a vida de cada um era tutelada, e onde tudo estava orientado para atender às necessidades vitais. Assim, só era livre quem estava pronto para arriscar a vida; possuía alma servil e não livre aquele que estava agarrado à vida

com demasiado amor: um pecado que a língua grega definia com um termo específico[2].

Liberdade, uma palavra da qual atualmente se vem abusando, que com o tempo tornou-se cada vez mais banal, esvaziada de sentido e de significado, manipulada com muita frequência. Costuma-se dizer: a minha liberdade termina onde começa a dos outros.

E se, ao contrário, a minha liberdade começasse onde começa a dos outros? Seria outro mundo.

Em perfeita harmonia com o que examinamos no capítulo anterior, a liberdade ficou reduzida e circunscrita à esfera econômica, à exclusiva dimensão da liberdade econômica. Paralelamente, e não por acaso, temos assistido a outro e análogo processo: a identificação da liberdade com a democracia. Contudo, desde Péricles até Tocqueville, é constatação antiga que liberdade e democracia não apenas não são sinônimos ou não coincidem, como também que entre elas existe uma relação que não é pacífica, mas de uma tensão subterrânea. Ainda mais hoje, quando, pelos motivos até aqui expostos, está cada vez mais forte uma ideia plebiscitária de democracia, que coloca em risco a liberdade. Lembrando o processo contra Jesus, Gustavo

---

2 Ibid., p. 34. O termo é *philopsychia*, o amor à vida. "No geral o amor à vida é atribuído aos servos e aos escravos, como uma característica mesquinha que os distingue dos homens livres", p. 164.

Zagrebelsky nos advertiu quanto ao recurso à maioria, princípio cardeal da democracia, quando a maioria não estava nem preparada, nem informada, mas, pelo contrário, naquele momento estava pressionada e forçada a tomar logo uma decisão: solte o ladrão Barrabás e mate Jesus[3]. Em um artigo com o significativo título "L'Italia docile che ha perso dissenso" [A Itália dócil que perdeu o dissenso], Nadia Urbinati captou com acuidade – talvez em razão do fato de passar longos períodos dando aulas nos Estados Unidos – a dinâmica e os resultados dessa tendência:

> Uma sociedade livre precisa do dissenso [...]; as minorias são o verdadeiro problema (ou, ao contrário, a salvação) das sociedades democráticas maduras, porque são elas que expressam divergência, que reivindicam espaços de ação que não estão em sintonia com os da maioria [...]; por essa razão, uma sociedade livre é o oposto de uma sociedade dócil [...]. Docilidade significa não ter uma opinião diferente sobre como pensar no que fazer quanto à opinião preponderante; significa aceitar pacificamente o que o chefe de plantão – por exemplo,

---

3 "A multidão que gritava 'Crucifica-o!' era exatamente o contrário daquilo que a democracia crítica pressupõe: tinha pressa, estava atomizada, mas era totalitária, não tinha nem instituições nem trâmites, era instável, emotiva e portanto extremista e manipulável [...], uma multidão terrivelmente parecida com o 'povo' ao qual a 'democracia' poderia confiar sua sorte no futuro próximo. Essa multidão condenava 'democraticamente' Jesus" (G. Zagrebelsky, *Il "Crucifige" e la democrazia* [*A crucificação e a democracia*], Turim, Einaudi, 1995, p. 119).

a opinião geral de uma maioria mais ou menos ampla – acha, supõe, quer [...]; os cidadãos dóceis se assemelham a uma massa de espectadores: escutam em silêncio e eventualmente fazem uma avaliação ao final do espetáculo, com aplausos ou assobios [...]. Essa Itália se parece com uma grande caserna, dócil, acomodada, domesticada. Sejam pessoas de direita ou de esquerda, infelizmente é sempre a mesma ladainha [...]; queremos que os prefeitos se transformem em soldados graduados e aceitamos de bom grado que preencham nossas vidas cotidianas com proibições e conselhos [...]; comissões bipartidárias crescem a cada dia: servem para nos habituar a pensar que a oposição deve ser útil à maioria, tornar-se uma oposição agradável à maioria. Uma oposição que simplesmente se opõe e critica e discorda parece um mal a extirpar, o símbolo de uma sociedade não perfeitamente dócil [...]; a docilidade é uma qualidade que se pede dos animais, não dos homens[4].

Esse tipo antropológico, "o cidadão dócil", estejam certos, nunca se colocará a caminho. Imóvel, esperará que outros digam se deve ficar parado no lugar, e então vai advertir com preocupação aqueles que se movem em torno dele; ou esperará ordem para ir, e então se porá a segui-los. Bem, quem caminha é o oposto desse tipo humano, exprime

---

4 N. Urbinati, "L'Italia docile che ha perso dissenso", *La Repubblica*, 20 de agosto de 2008.

curiosidade, comprometimento, sente-se e quer sentir-se livre para se movimentar. Conhece não a docilidade, que é uma mistura indigesta de obscurantismo e subordinação, mas a vulnerabilidade, massa feita de atenção e de disponibilidade, termo mais verdadeiro em relação àquele "indefeso", usado por Herzog. A partir da problemática da relação entre liberdade e democracia, Mario Tronti nos deu uma poderosa e profunda chave interpretativa: "Trata-se de decompor e contrapor os dois termos, 'democracia *vs.* liberdade', porque tanto a democracia é identidade quanto a liberdade é diferença"[5]. Aqui está, para Tronti, o coração do problema, a democracia se curva inevitável e inexoravelmente em direção à identidade, promovendo uma homologação; a liberdade se baseia e se explica no seu contrário, na diferença, que, enquanto tal, não se deixa homologar. Entre os dois conceitos, não pode existir, portanto, senão uma irredutível tensão. O difícil é manter essa ordem e esse nível do discurso, porque, tão logo rebaixado à realidade italiana, ele se degenera e se perverte. Somos de fato dominados e penetrados cada vez mais por uma mentalidade que se tornou quase uma fenomenal marca registrada, o nosso mais autêntico *made in Italy*: a liberdade como ausência de regras e de limites. Gostamos de nos referir a nós mesmos como um povo de individualistas, mas é uma afável auto-

---

[5] M. Tronti, "*L'enigma democratico*" [O enigma democrático], *Il manifesto*, 22 de outubro de 2005.

absolvição, boa para o mercado externo, que considera tudo tão pitoresco, até mudar de ideia quando aterrissa em nosso país. Somos um povo de anarquistas de direita, para o qual inevitavelmente vigora a lei do mais forte, porque é precisamente nessa carência que se pode fazer valer até o fundo a própria força. A força do mais espertalhão, variante itálica por excelência, aquele que, para seguir em frente, não tem necessidade do saber e do conhecimento, mas dos conhecidos. Não por acaso o inefável Giulio Andreotti, que por sete anos foi chefe de governo, chegou a dizer que governar os italianos não é complicado, é inútil.

A liberdade de que falamos, quando falamos de caminhar, não tem nada a ver com isso; pelo contrário, tem a ver com a autonomia e a autodeterminação da pessoa.

Dessa tensão entre liberdade e vida, dessa relação perigosa, temos um testemunho ainda mais antigo e extraordinário no Êxodo. Nessa história, Moisés faz com que saiam do Egito os judeus que eram mantidos na condição de escravos, e o faraó, à frente de seiscentos carros, se lança ao seu encalço.

> Então os israelitas tiveram grande temor e clamaram ao Senhor. Depois, disseram a Moisés: seria porque no Egito não havia sepulturas que fomos trazidos para morrer no deserto? Que fizeste ao tirar-nos do Egito? Não te dizíamos no Egito: deixe que sirvamos os

egípcios, porque é melhor para nós servir o Egito que morrer no deserto?[6]

Depois a história continua com o Senhor separando as águas do Mar Vermelho. Mas o dilema se repete dali a pouco no deserto.

> Tivéssemos morrido pelas mãos do Senhor na terra do Egito, quando estávamos sentados junto à panela de carne, comendo pão até saciar-nos! Em vez disso, trouxeste-nos para este deserto para matar de fome toda esta multidão.[7]

Como se vê, é uma velha e longa história: o povo de Israel, humilhado e ofendido, se pergunta se a servidão não seria, por fim, um preço mais suave a pagar em relação à liberdade que coloca em jogo a própria vida. Quando, muitos séculos depois, Thomas Münzer, chamado por Bloch de "teólogo da revolução", coloca-se à frente dos cidadãos na guerra que incendiou a Alemanha, entre outros países, o fez em nome da justiça e da liberdade, que não é senão o "êxtase de caminhar eretos"[8]. Como ficam afastados e distantes esses conceitos e essas palavras sobre a liberdade, que

---
6 Êxodo, 14:10-2.
7 Êxodo, 16:3.
8 E. Bloch, *Thomas Münzer teologo della rivoluzione* [*Thomas Münzer, teólogo da revolução*], Milão, Feltrinelli, 2010, p. 66.

nos atormentam diariamente; uma liberdade evanescente, de plástico, boa para essa nova raça de servos voluntários, satisfeitos ou indiferentes com sua condição.

Caminhar é liberdade. Liberdade é autonomia. Autonomia é risco. Caminhar é arriscado.

Essa é uma verdade, e, como tal, traz seus estigmas: é inquietante, é exigente. O contrário das verdades modernas, que tranquilizam e nada têm a exigir ou a dar. Uma verdade tão importante quanto afastada e negada, por isso preciosa e que deve ser levada conosco no caminho.

O COMEÇO DA HISTÓRIA.
CHATWIN E A ALTERNATIVA NÔMADE

Até aqui, expusemos uma tese e enunciamos uma verdade histórica, conceitual, prática.

Por trás disso, existe uma longa história que merece ser conhecida e reconhecida, feita de teorias e práticas, intuições e experiências, lampejos e escuridão, e que a essa altura devemos atravessar para desvelar o que outros já revelaram. Dentro dessa longa história, duas figuras, entre tantas outras, iluminaram mais e melhor o caminho com sua paixão e inteligência, com sua visão e originalidade: Bruce Chatwin e Walter Benjamin. Com eles, e através deles, seguimos o caminho.

Bruce Chatwin buscou o impossível, ele realmente tentou perturbar a ordem das coisas: escrever um livro sobre nômades e nomadismo.

Em uma carta de 1969 dirigida à editora, ele resume o projeto assim:

A pergunta que tentarei responder é: "Por que os homens andam a esmo em vez de ficarem parados?". Propus um título, *A alternativa nômade*. Obviamente não vamos usá-lo. É um título racional demais para uma matéria que apela para instintos irracionais. No momento, isso tem a vantagem de sugerir que a vida do nômade não é inferior à do cidadão sedentário. Devo procurar enxergar os nômades como eles mesmos se veem, olhando para a civilização com inveja ou desconfiança.
Entendo por civilização a "vida nas cidades", e por civis, aqueles que vivem no âmbito de uma civilização urbana que sabe ler e escrever. Todas as civilizações se baseiam no recrutamento e no comportamento racional. Os nômades são incivis, e todas as palavras usadas tradicionalmente em seus conflitos são carregadas de preconceitos civis: desgarrado, vagabundo, instável, bárbaro, selvagem etc. Os nômades errantes têm inevitavelmente uma influência desagregadora, mas a reprovação de que são objeto é desproporcional ao dano material que causam. Tal reprovação é racionalizada e justificada por uma falsa piedade. Os nômades são excluídos; são uns párias. Caim "errou sobre a superfície da Terra"[1].

Chatwin prossegue, elencando temas e títulos dos capítulos: "Meu provocador"; "Caçadores arcaicos"; "Os confortos de saber ler e escrever"; "Mandriani (ou Pastores)";

---
1 B. Chatwin, *Anatomia dell'irrequietezza* [*Anatomia da errância*], Milão, Adelphi, 1996, p. 93-4.

"Civilização ou morte!"; "Nostalgia do Paraíso"; "As compensações da fé"; "Sensibilidade dos nômades"; "A alternativa nômade" e um último dedicado ao "hoje", então ainda sem título[2]. Em um artigo de 1983 em que inusitadamente fala de si, recorda aquele projeto desta forma:

> O livro cresceu e cresceu; e crescendo tornava-se cada vez menos inteligível ao seu autor. Continha até uma diatribe contra o próprio ato de escrever. Ao fim do manuscrito, quando foi batido à máquina, era tão evidentemente impublicável que desisti pela terceira vez[3].

Em *Le Vie dei Canti* [*O rastro dos cantos*], o livro que representa a essência, no qual se concentra grande parte das ideias, reflexões, observações, teorias, citações sobre o tema, recolhidas ao longo de toda uma vida, existe uma espécie de epitáfio definitivo sobre aquele acontecimento.

> Inútil pedir a um andarilho
> Conselho sobre como construir uma casa.
> O trabalho jamais chegará ao fim.
> Depois de ler esse trecho do *Livro das Odes* chinês*, percebi que tentar escrever um livro sobre os nômades não era sensato.[4]

---
2 Ibid., p. 94-103.
3 Ibid., p. 27-8.
* Ou *Shi Jing*. (N. T.)
4 Chatwin, op. cit., p. 238-9.

Foi a nossa sorte. Realmente, mudando seu antigo contrato de edição, conseguiu, anos depois, publicar seu primeiro livro, *Na Patagônia*. Extraordinário e *sui generis* relato de viagem que deu novo impulso e vigor a um gênero literário há muito esgotado[5].

> A meu ver, a Patagônia era o ponto mais remoto da Terra aonde o homem havia chegado e também aonde os ingleses haviam chegado. O homem teve origem na África, a pé atravessou a Ásia, o estreito de Bering e depois desceu até o ponto extremo da América meridional. O que fiz foi erigir a Patagônia a símbolo da inquietação humana e tentar escrever um livro que fosse uma espécie de metáfora da nostalgia do espaço.[6]

Surge aqui o uso de um termo, "inquietação", muito importante em Chatwin, que assim respondeu a uma

---

5 "Seu insucesso, no entanto, foi uma libertação; renunciando à especulação abstrata, Chatwin pôde dedicar-se à atividade em que se saía melhor, isto é, relatar à sua maneira as coisas que via e as histórias que ouvia, sem sentir-se obrigado a convocar os principais sistemas. E jamais fez isso com tanta perspicácia e tanto engenho quanto no livro sobre a Patagônia" (S. Clapp, *Con Chatwin* [Com Chatwin], Milão, Adelphi, 1998, p. 42).

6 A. Gnoli e B. Chatwin, *La nostalgia dello spazio* [A nostalgia do espaço], Milão, Bompiani, 2000, p. 75-6. Intriga, mas seria ir longe demais, o fato de que as mesmas palavras "nostalgia do espaço" são usadas por Cioran, o último grande cético do século XX: "A história é nostalgia do espaço e horror à própria casa, sonho vagabundo e necessidade de morrer distante [...]; mas a história é exatamente aquilo que não vemos mais ao redor" (E. Cioran, *La tentazione di esistere* [A tentação de existir], Milão, Adelphi, 2008, p. 40).

pergunta específica de Antonio Gnoli sobre a diferença entre inquietude e inquietação:

> Acho que existe uma diferença de fundo. Penso que a inquietude está ligada ao desconforto provocado por uma inadequação nossa no sentido de fazer e de ser. Em suma, a inquietude despedaça a relação com a nossa identidade. Tem a ver com a alma e o tempo, em particular com o modo como o vivenciamos. Inversamente, a inquietação começa no cérebro e mina nossa relação com o espaço, destrói nossas certezas sobre ele: subitamente, as coordenadas que nos ligam a um lugar, a distância que nos é familiar, tornam-se sufocantes. Um místico ou um poeta pode cultivar sua inquietude. A inquietação pertence às crianças e aos viajantes[7].

Voltemos à pergunta inicial que o acompanhou por toda a vida: "Por que os homens andam a esmo em vez de ficarem parados?". A resposta aparece em *Le Vie dei Canti*, em que a identificação entre a obra e o autor é total. Nesse livro insólito e difícil de classificar, e no qual se misturam narrativa e ensaio, Chatwin deixa tudo o que havia acumulado escoar em uma ânsia febril que a doença amplificava.

Em Alice Springs – um emaranhado de ruas escaldantes onde homens de meias brancas não fazem outra coisa

---

7 Ibid., p. 76.

senão subir e descer de Land Cruisers – conheci um russo que estava fazendo o mapa dos lugares sagrados dos aborígenes[8].

É o início que nos faz entrar imediatamente em seu mundo e na história.

"Chatwin encontrou no mito aborígene da Criação uma imagem incandescente, de grande força sugestiva, que lhe permitiu dar voz a uma visão personalíssima", observa Susannah Clapp, que foi sua amiga e editora:

> A sua exposição do mito é muito sucinta. No tempo do Sonho, o equivalente aborígene do período coberto pelos dois primeiros capítulos do Gênesis – o tempo, ou não tempo, em que tudo foi concebido ou criado –, as formas minerais, as espécies animais e a vegetação da Austrália foram chamadas à existência através do canto. Seres totêmicos conhecidos como os Ancestrais foram feitos a partir da argila e começaram a percorrer a fronteira e a cantar – o nome de cada coisa com a qual se deparavam, pássaros, animais, plantas, pedras, poços –, e, cantando, criavam o mundo. Ao fazê-lo, deixavam atrás de si um rastro invisível de palavras e de notas musicais, em que os elementos da paisagem também são lugares sagrados e são constantemente recriados

---

[8] Chatwin, *Le Vie dei Canti*, cit., p. 9.

em ritos e canções dos Aborígenes. Em resumo, "a Austrália inteira poderia, ao menos em teoria, ser lida como uma partitura"[9].

Chatwin encontrou um mito, uma lenda que colocava o caminhar no centro de tudo, dando, desse modo, corpo às fantasias, obsessões, intuições que o acompanharam por toda a vida. Um autêntico milagre, que ele próprio assim resumiu nas páginas finais:

> Ao mesmo tempo, pareceu-me que os Caminhos dos Cantos não fossem necessariamente um fenômeno australiano, mas universal; que fossem formas de o homem delimitar seu território e, assim, organizar sua vida social [...]. E aqui dou um salto para a fé, para entrar num território onde não espero ser seguido. Vejo os Caminhos dos Cantos que vagueiam pelos continentes e pelos séculos; homens que deixaram um rastro de canto (do qual, vez ou outra, captamos um eco) por onde quer que tenham andado; e esses rastros devem reconduzir, no tempo e no espaço, a uma vala isolada da savana africana, onde o Primeiro Homem, enfrentando os horrores ao seu redor, abriu a boca e gritou a estrofe de abertura do canto do Mundo: "EU SOU!". Mas aventuremo-nos mais adiante. Imagino o pai Adão (*Homo sapiens*) que passeia no Jardim: dá um passo com o pé

---

9 Clapp, *Con Chatwin*, cit., p. 232.

esquerdo e dá o nome a uma flor. Depois dá um passo com o direito e dá o nome a uma pedra[10].

Antes, porém, lançando mão de seu legendário Moleskine[11], reconstrói sua visão sobre a origem do homem.

Os meus dois primeiros e mais novos caderninhos de notas estavam cheios de apontamentos tomados na África do Sul, onde eu havia rastreado, sem intermediários, algumas evidências sobre a origem da nossa espécie: o que fiquei sabendo lá, junto com o que então sabia sobre os Caminhos dos Cantos, parecia confirmar a hipótese que me entretinha havia muito tempo: isto é,

---

10 Chatwin, *Le Vie dei Canti*, cit., p. 372-3.
11 "E tomo notas num caderninho com folhas quadriculadas com o qual Bruce me presenteou exatamente para esta viagem. Não se trata de um caderninho qualquer, é uma peça de museu, um autêntico 'Moleskine', muito apreciado por escritores como Celine e Hemingway, que quase não se acha mais nas papelarias. Antes de usá-lo, Bruce me sugeriu de fazer como ele. Numerar as folhas, anotar atrás da capa pelo menos dois endereços no mundo, e escrever na primeira página uma promessa de recompensa a quem restituir o caderno em caso de perda [...]. Bruce me explicou que os 'Moleskine' saíam das mãos de um encadernador artesão de Tours, cuja família os fabricava desde o início do século, mas que depois da morte do artesão, em 1986, nenhum dos descendentes quis continuar a tradição [...]; quando Bruce soube que os 'Moleskine' estavam para acabar, comprou todos os que encontrou, e é exatamente em um dos seus caderninhos que faço estas anotações" (Apud L. Sepúlveda, *Patagonia Express*, Milão, Feltrinelli, 1995, p. 13-4). Não se preocupem, essa história já passou: o mito de Chatwin fez com que os "Moleskine" voltassem a ser fabricados e voltassem a viajar pelo mundo, dando a todos a embriaguez ilusória de algo especial.

de que a seleção natural nos moldou, desde a estrutura das células cerebrais até o dedão do pé, por uma vida de viagens sazonais a pé, em uma tórrida extensão de espinhais ou de desertos[12].

Quando, há mais de 3 milhões de anos, catástrofes climáticas levaram a uma repentina redução das temperaturas, eliminando grande parte das florestas, o homem tornou-se indefeso; as bases para a vida sedentária em lugares dominados pela aridez começaram a faltar.

Para sobreviver na seca, qualquer espécie tem de adotar um destes subterfúgios: preparar-se para o pior e aguentar firme, ou então abrir-se para o mundo e se mexer[13].

A nossa espécie desenvolveu o cérebro e começou a se mexer.

Daí a sua aversão à tese de

que a nossa espécie tinha se destacado de seus antecessores simiescos precisamente porque éramos assassinos e canibais; que foi a Arma que deu origem ao homem; que toda a história posterior havia girado em torno da posse e do desenvolvimento de armas melhores; e que,

---
12 Chatwin, *Le Vie dei Canti*, cit., p. 216-7.
13 Ibid., p. 330.

por consequência, os homens deveriam mais adaptar sua sociedade às armas do que as armas às necessidades da sociedade[14].

Chatwin, ao contrário, postulava que o homem havia adquirido tamanha grandeza ao se defender das forças destrutivas da natureza e da agressividade da Besta (o *Dinofelis*), com a qual tinha aprendido a sobreviver e a conviver. Para ele, os Caminhos dos Cantos "destroem todas as várias teorias elaboradas em nome da ciência: que o homem é um predador sobre uma base territorial cujo impulso é saquear ou destruir os seus vizinhos"[15]. Ora, para além da validade ou não de tal hipótese, ou da interpretação que ele dá ao mito aborígene, o que aqui nos interessa e cria problema é o título que desejava dar a seu primeiro livro, jamais publicado, *L'alternativa nomade*, do qual *Le Vie dei Canti* será o último depositário, dezessete anos depois. Existe um trabalho de escavação a ser feito exatamente a partir desses dois termos. Comecemos pelo segundo, "nômade", partindo da etimologia. *Nomos*, em grego, significa pastagem, portanto nômade é aquele que governa os pastos; mas também significa lei, porquanto deriva de *Nemo* (dividir, distribuir as partes); justamente aí tem origem o princípio da lei que é a divisão.

---

14 Ibid., p. 314.
15 M. Ignatieff, "Quante suole di scarpe. Incontro con Bruce Chatwin" [Quantas solas de sapato. Encontro com Bruce Chatwin], *Linea d'Ombra*, 1987, p. 68.

Isso implica que *nômade* e *lei* têm uma raiz comum e por um motivo relevante, que a etimologia depois confirma: nômade não é quem se desloca de um lugar para outro; nômade é aquele que, levando seus alimentos, em determinados períodos do ano se desloca por percursos preestabelecidos, que podem, sim, mudar, mas somente por causa de eventos naturais (seca, carestia, inundações) ou por conflitos tribais. Nômade, portanto, não é aquele que, impelido por um irrefreável e incontrolável impulso, se move por mover-se; pelo contrário, seu movimento é ditado por razões precisas e por períodos e formas quase inflexíveis. Consequentemente, aquilo que acontece é admitido por costume, como é o caso específico do nomadismo, ou entra novamente na esfera da lei, que o reivindica. Aqui estamos ligados a uma primeira revelação: o nômade e a lei estão juntos, são ligados.

Chegamos ao outro vocábulo: alternativa. Chatwin não tem dúvidas de que o mundo nômade é moralmente superior ao sedentário e que a decadência nasce justamente da escolha sedentária:

> A frase mais sucinta sobre a questão nômade provém de um historiador do calibre de Ibn Khaldun: "Os nômades estão mais próximos do mundo criado por Deus e distantes dos costumes condenáveis que infectaram o coração dos sedentários" [...]. Pode-se fundamentadamente levantar a hipótese de que todas as religiões

transcendentais são manobras para pessoas cujas vidas foram arruinadas pelo assentamento estável[16].

E, em um artigo de 1970, resumia as ideias por trás daquele maldito livro que ainda esperava publicar no ano seguinte: "A palavra 'revolução', tão ofensiva para os perseguidores de Galileu, era usada, na origem, para denotar a passagem cíclica dos corpos celestes. As pessoas, quando os seus movimentos geográficos são obstruídos, aderem aos movimentos políticos"[17]. Porque não se movimentavam mais, porque passaram a construir casas e mais casas, começa o declínio que os antigos profetas judeus Jeremias, Isaías, Oseias denunciavam aflitos, com o coração cheio de tristeza e de ressentimento. Mas são apenas vozes não ouvidas no deserto. Chatwin anota:

> Um trecho do Midrash comentando o litígio diz que os filhos de Abraão tiveram, na herança, uma divisão equitativa do mundo: Caim, a propriedade de toda a terra, Abel, de todos os seres viventes, ao que Caim acusou Abel de ter se excedido[18].

É o agricultor sedentário Caim que mata o pastor nômade Abel, e desse sangue derramado é fundada a primeira cidade. Portanto, o homicídio está na origem da cidade,

---
16 Chatwin, *Anatomia dell'irrequietezza*, cit., p. 135.
17 Ibid., p. 125.
18 Id., *Le Vie dei Canti*, cit., p. 257.

esse é o nosso pecado original. Mas Chatwin leu demais e viajou demais para não estar vacinado contra uma visão idílica e retórica do mundo nômade; sabe muito bem a matéria de que é feito aquele mundo, e respondendo à citada passagem de Ibn Khaldun escreve:

> Os nômades talvez estejam mais próximos do mundo criado por Deus, mas não são parte dele. O nômade propriamente dito é um pastor que desloca os seus pertences através de uma sucessão de pastos. Está vinculado a uma rigorosa programação e devotado ao aumento de seus rebanhos e de seus filhos [...]. E é a ânsia fatal de crescimento do nômade que causa uma série interminável de saques e rixas, e o induz enfim a sucumbir e a se assentar[19].

Existe, assim, uma dinâmica interna e uma lógica fatal para o mundo nômade, que, inevitavelmente, para além da agressividade e da hostilidade do mundo sedentário, leva-o a perder e a se perder. Os nômades são artífices do próprio fracasso, não somente vítimas. Mas, se é assim, a alternativa é infundada, inadmissível. Porque uma alternativa destinada, por sua natureza e lógica interna, a sucumbir, não será jamais uma verdadeira alternativa; para ser uma real alternativa deve ter chances, possibilidades de êxito. Se não é assim, é porque constitutivamente não pode ser, tal alternativa

---

19 Id., *Anatomia dell'irrequietezza*, cit., p. 135-6.

cessa de existir para ser o eterno retorno do idêntico. Chatwin se mostra consciente desse contraste, da insensatez e do risco a que está fadada a alternativa nômade. Sobram, quase como uma defesa, o seu olho absoluto, o seu gosto estético que ainda o estimula a produzir narrativas sobre aquele mundo, que em tantas viagens ele havia encontrado e procurado:

> A cada primavera, as tribos nômades da Ásia sacodem a inércia do inverno e voltam às pastagens de verão com a regularidade das andorinhas. As mulheres colocam roupas novas de chita florida e literalmente vestem a primavera. Os nômades vibram no ritmo da oscilação de suas selas e marcam o tempo com o ritmo insistente do sino do camelo. Não olham nem para a direita nem para a esquerda. Seus olhos ficam colados no caminho que vai além do horizonte. A migração primaveril é um ritual[20].

Existe toda uma ternura, um afeto, uma angústia de quem sabe que tudo isso está fadado a desaparecer. Uma elegia fúnebre pelo que está fadado a não mais retornar.

Alternativa nômade, um título que cria embaraço. A alternativa literalmente não existe, não é dada; e o nômade representa não somente outro mundo, mas, sobretudo, outra história que não existe mais.

O nômade de Chatwin está no começo da história.

---
20 Ibid., p. 125.

O FIM DA HISTÓRIA.
BENJAMIN E O *FLÂNEUR*

Se o nômade de Chatwin está no começo da história, o *flâneur* de Benjamin está no fim da história.

Foi Antonio Gnoli quem deu essa definição e relacionou os dois ao se perguntar:

> Pode-se substituir as imagens da estepe e do deserto pelo espaço da metrópole? [...] Quando Benjamin elegeu Paris como a pátria do *flâneur*, imaginou que a caminhada tivesse ainda o inconfundível estilo do pensamento e que os passos e as ideias vagassem sem destino, como se estivessem abandonados à secreta condução do acaso. O cenário de uma filosofia urbana ainda era possível. Assim não foi mais, pelo menos com Chatwin. Mesmo sendo ele a mais perfeita tradução do *flâneur*, acabou sendo também seu definitivo erradicador. Era necessário romper o vínculo com a cidade e voltar a se

colocar a caminho. Londres lhe pareceu o exíguo espaço imóvel a ser ocupado entre uma excursão e outra. A pequena moradia, espartanamente mobiliada, a carteirinha de sócio da prestigiosa London Library eram os raros sinais palpáveis de sua urbanização[1].

Se para o nômade a paisagem não é mais que um deserto de espinhos, pedras e areia, para o *flâneur* a cidade é que é assim. Para o nômade, o *flâneur* é, como poucos, a figura típica da modernidade. E Paris, a Paris da metade do século XIX, com as transformações urbanas de Hausmann e seus bulevares, não poderia ser senão o seu berço. Imerso na multidão e no esplendor da vida urbana, com as suas ruas, praças, lojas, galerias e mercados, ali o *flâneur* nasce, vive, perde-se.

Benjamin foi seu cantor, lúcido e apaixonado. Capaz ao mesmo tempo de entender aquela abrangente história, colocando em evidência o que consegue identificar:

> Para entender o termo "rua", é preciso colocá-lo em paralelo com outro mais antigo: "vereda". Eles são absolutamente distintos em sua natureza mitológica. A vereda leva consigo o medo da errância. A sombra desse temor deve ter pousado sobre líderes de populações nômades. E mais: quem quer que se aventure solitariamente por

---

1 Gnoli e Chatwin, *La nostalgia dello spazio*, cit., p. 28-9.

> uma vereda, diante das suas curvas e vereditos imprevisíveis, sabe identificar o poder que os antigos sinais tinham sobre as hordas nômades. Quem diferencia uma rua, pelo contrário, aparentemente não tem necessidade de nenhuma indicação e de nenhum guia. Na rua o homem não está sujeito à errância, mas sucumbe ao fascínio da faixa de asfalto que se desdobra monotonamente. O labirinto, todavia, representa a síntese desses dois medos: uma monótona errância[2].

Dessa diferença inicial e substancial que diz respeito ao chão sob nossos pés e suas projeções em nossa conjuntura, Benjamin nos leva à descoberta das características fundamentais do *flâneur*, primeiramente sua implacável e invencível compulsão por repetir.

"O estudioso 'jamais acaba de aprender'; o jogador 'nunca tem o suficiente'; para o *flâneur* 'existe sempre algo por ver'"[3]. Aí já aparece a inclinação patológica, mas a pergunta é: nessa obsessão de ter sempre algo por ver, o que estimula, o que procura o *flâneur*? Ele é estimulado e procura por alguma coisa completamente diferente do que estimulava e procurava o nômade no seu deslocamento: o novo.

"Sua meta é o novo."[4]

Trata-se de uma linha, somente uma linha, mas é suficiente para manifestar o mistério do *flâneur* e justificar

---
2 Benjamin, *Parigi capitale del XIX secolo*, cit., p. 670.
3 Ibid., p. 997.
4 Ibid., p. 15.

o fato de ele se encontrar no fim da história. Porque o novo, por definição, é instável, precário, fugaz, efêmero, hoje existe, amanhã, não. E o que hoje é novo, amanhã inevitavelmente não será mais. Esse novo não pertence mais ao mundo dos objetos, tornou-se algo muito mais abrangente e poderoso: categoria e pulsão que funda o moderno.

Há uma frase de Marx que condensa de maneira admirável o espírito do moderno: "Tudo o que é sólido se desmancha no ar"[5].

Fazer *tabula rasa* e construir *ex novo*: é isso que existe no ar e que envolve o moderno. Uma ânsia e uma aspiração, uma obsessão e uma ilusão, um sonho e um pesadelo.

O *flâneur* é o filho eleito e sabe disso, mas é um filho problemático e, como sintoma disso, se mistura à multidão: "Ele não está à vontade na sua classe, somente na multidão, isto é, na cidade"[6].

Não está à vontade porque há um excesso nele, um atrito. É um filho eleito, mas, exatamente como o filho eleito, não está em paz com o mundo.

A sua morosidade ("em 1839 era elegante levar consigo uma tartaruga ao passear. O que dá uma ideia do ritmo

---

5 Marx apud M. Berman, *L'esperienza della modernità* [A experiência da modernidade], Bolonha, il Mulino, 1985, p. 120, que evoca a tradução exemplar de E. Cantimori Mezzomonti do *Manifesto del Partito Comunista*, editado pela Laterza em 1958.
6 Ibid., p. 47.

do *flâneur* nas '*passages*'*")[7]; o fato de se perder na cidade para dar corpo àquela fantasmagoria particular ("partindo dos rostos, fazer uma leitura da profissão, da origem, do caráter")[8]; habitar a dúvida ("a asa incerta da borboleta")[9].

Bem, tudo isso contrasta com o ritmo frenético da nascente vida moderna, com aquele impulso de organizar o tempo e os deslocamentos, segundo as exigências da vida econômica.

Posteriormente, quem pode ajudar a compreender isso é um escritor que foi amigo e colaborador de Benjamin, que com ele cuidou da tradução da *Recherche* de Proust e que fez da *flânerie* um estilo de vida: Franz Hessel. Tanto quanto Benjamin, que com sua extraordinária reflexão histórica, antropológica, filosófica e artística tornou o *flâneur* uma autêntica expressão do moderno, também Hessel, com um estilo sóbrio e ponderado, mas capaz de transmitir uma paixão verdadeira, presenteou-nos com as mais belas páginas

---

* As *passages* são galerias comerciais, com uma estrutura metálica e cobertura em vidro para facilitar a iluminação. Foram muito populares em Paris a partir do final do século XVIII e podem ser consideradas as precursoras das lojas de departamento e dos shopping centers. As mercadorias expostas em vitrines transformavam aqueles lugares em templos de observação, do consumo e da moda. Benjamin se impressionou com essas construções e seus efeitos na vida das pessoas e considerava as *passages* verdadeiras cidades dentro da cidade, o começo da privatização e do isolamento dos espaços urbanos. (N. T.)

7 Ibid., p. 552.
8 Ibid., p. 559.
9 Ibid., p. 555.

literárias sobre o *flâneur* e a *flânerie*. Romancista, deu o melhor de si nas prosas breves, nas narrativas publicadas em jornais e revistas de Paris, Munique e Berlim, lugares onde passou sua vida.

Conhecido apenas num pequeno círculo, teve uma inesperada fama póstuma. Com efeito, é ele o Jules, protagonista do extraordinário livro *Jules e Jim*, de Henri-Pierre Roché, do qual, em 1961, François Truffaut tirou o filme homônimo, tornando conhecida no mundo inteiro a história pura e sofrida de um intenso, vivo e trágico *ménage à trois*.

> O verdadeiro *flâneur* é como um leitor que lê um livro exclusivamente como passatempo e por prazer [...]; a Rua é assim uma espécie de livro. Leia-a. Não julgue. Não seja apressado demais para escolher o que é belo e feio [...]. Se durante o seu trajeto você quiser observar uma determinada coisa, não se precipite ávido demais sobre ela; contenha-se. Dê também a ela tempo para notá-lo. Trocam-se olhares inclusive com tais coisas. No caso dos homens, ao contrário, é aconselhável observá-los sem se deixar notar. Assim, de fato, mostram espontaneamente a sua vida, a qual, a um belicoso cruzamento de olhares, por defesa, esconderiam[10].

Para Hessel, fazer um passeio pela cidade é antes de mais nada uma escola do prazer: "uma escola que devemos

---
10 F. Hessel, *L'arte de andare a passeggio* [A arte de dar um passeio], Milão, Serra e Riva Editori, 1991, p. 216-7.

voltar a frequentar. Uma escola difícil, uma disciplina encantadora e dura. Mas que, no fim das contas, não existe; se alguma vez se tentasse fundá-la, surgiria a assim chamada, horrível, 'seriedade da vida'"[11].

Foi Hessel quem acompanhou Benjamin na descoberta de Paris, daí a ideia de Benjamin de escrever com Hessel o livro sobre as *passages*. Não fizeram nada nesse sentido – suas abordagens, suas finalidades e seus estilos eram muito diferentes –, todavia, cada qual deu seguimento àquela ideia por conta própria. Benjamin se cercou daquele trabalho, publicado postumamente, mas que o consumiu por anos, discutindo-o várias vezes com o amigo[12]; Hessel escreveu *Scuola di preparazione al giornalismo. Diario parigino* [Escola de preparação para o jornalismo. Diário parisiense], um texto essencial e precioso para a arte da *flânerie*. Com tais espírito e estilo, enfrentou as vicissitudes dramáticas do seu tempo, que não lhe pouparam o internamento e geraram escritos da parte de quem o conheceu: "o senhor Hessel vivia no *Lager**, como se o campo de concentração fosse a Berlim cosmopolita de 1913. Não estava muito

---

11 Ibid., p. 218.
12 Muitos anos depois, em uma carta a Adorno, Benjamin anotou: "Durante os anos em Berlim, a melhor parte da minha amizade com Hessel se alimentou das numerosas discussões em torno do projeto das *Passages*" (M. Flugge, *Il triangolo spezzato. La vera storia di Jules e Jim* [O triângulo partido. A verdadeira história de Jules e Jim], Parma, Pratiche Editrice, 1996, p. 160).
* Campo de concentração, de trabalho ou de extermínio. (N. T.)

claro se a sua gentil indiferença era uma forma de filosofia ou de estupidez"[13]. Uma afirmação que Hessel certamente teria recebido com satisfação e prazer, o reconhecimento de ter sido fiel a um modo de ver e de viver que não se curvava aos acontecimentos, mesmo os mais terríveis.

Tanto a obra de Benjamin é uma monumental e incompleta reflexão especulativa que abraça múltiplas disciplinas, quanto a narrativa breve de Hessel tem um traço impressionista, em que o olho é o verdadeiro protagonista que funciona como ponto de partida da memória e da reflexão[14].

Em uma das citações à margem do capítulo sobre o *flâneur*, Benjamin traz uma frase de Hofmannsthal: "Ler o que jamais foi escrito"[15]. Jamais escreveram, mas que falta faz um livro com o título *Walter e Franz*, contendo suas conversas diurnas e noturnas pelas ruas de Munique, Paris, Berlim. Faz tanta falta.

Benjamin: morosidade, perder-se, habitar a dúvida; Hessel: passatempo, prazer, dar tempo.

Foi nessa moderna ambiguidade, nessa fronteira incerta que a figura do *flâneur* viveu, antes do seu fim.

---

13 E. D'Erme, "Diario di un mitico triangolo" [Diário de um mítico triângulo], *Il manifesto*, 17 de julho de 1992.
14 Para uma reconstrução da amizade e das relações entre Benjamin e Hessel, veja-se Flugge, *Il triangolo spezzato*, cit., p. 156-60.
15 Benjamin, *Parigi capitale del XIX secolo*, cit., p. 543.

Benjamin, que nos deu a origem, o desenvolvimento, a característica do *flâneur*, também nos deu o seu fim. "As lojas de departamento são as últimas calçadas do *flâneur*. Ali as suas fantasias se materializaram. A *flânerie*, iniciada como arte do indivíduo no âmbito privado, acaba hoje como uma necessidade das massas"[16]. Não é um juízo moral, mas uma constatação feita na origem e que hoje nós vemos desdobrada com toda a força e penetração.

Da arte à necessidade, da individualidade à massa. Dentro dessa variação apresenta-se a cena final do *flâneur*.

Existe aqui um fio condutor que liga dois temas ao cerne das reflexões de Benjamin; só aparentemente eles parecem distantes e incomunicáveis, e, no entanto, descobrimos, em uma leitura mais atenta, estarem profundamente ligados: justamente a *flânerie* e o haxixe. Duas mensagens com o mesmo teor: da reivindicação de uma individualidade à massificação, um virar-se no exato avesso. A *flânerie*, de arte privada do indivíduo consciente do seu tempo, subverte-se em consumismo de uma massa anônima, cujo comportamento é cada vez mais submetido a controle e manipulação. O haxixe, de experiência de poucos, transgressiva, iniciática, meio para despertar as potencialidades individuais reprimidas, transforma-se em uma experiência de despersonalização e de massificação. Chatwin, que

---

16 Ibid., p. 48.

havia passado por 1968 e pelo mundo *hippie*, vacilando entre um indiferente desleixo e um mal disfarçado fastio, fazendo uso esporádico de haxixe, escreveu: "As drogas são veículos para as pessoas que esqueceram como se caminha"[17].

Seria possível dizer: é a sociedade de massa, beleza! Verdade. Mas é sobretudo o grande tema não resolvido da modernidade, a relação entre massa e indivíduo.

Fica a pergunta de sempre: se o destino, nesse caso do *flâneur*, já não estaria determinado na sua origem; se aquela fronteira incerta não seria outra, e não poderia ser outra, senão uma passagem provisória e transitória para chegar a uma conclusão contudo já definida. A história não se faz com "ses", é o que se dizia; agora, o que se diz é que a história se faz com "ses". O que sobra é o amargo sabor de palavras em um quarto vazio.

---

17 Gnoli e Chatwin, *La nostalgia dello spazio*, cit., p. 27.

TRISTES EPÍLOGOS

Parece pairar um destino trágico e irônico sobre quem fez dos pés a unidade de medida de si mesmo e do mundo. Ali onde força e vontade se concentraram, o colapso é devastador e irreparável.

Arthur Rimbaud, "o homem das solas de vento", segundo a imortal definição de Verlaine, encarnou como ninguém o mito do caminhante que rompe com o próprio mundo a fim de tornar real outro, em outro mundo.

> O clima de Harar é frio de novembro a março. Eu, por costume, não usava roupas, ou quase: um simples par de calças de lona e uma camisa de algodão. E depois percorri a pé de quinze a quarenta quilômetros por dia, caminhadas insanas através das montanhas íngremes da região. Creio que desenvolvi no joelho uma dor artrítica por causa do cansaço, do calor, do frio[1].

1 A. Rimbaud, *Viaggio in Abissinia e nell'Harar* [Viagem à Abissínia e a Harar], Milão, Mondadori, 1998, p. 56.

Esse homem, que aos 26 anos decide não mais escrever, muda-se para as mais remotas e inexploradas regiões africanas, percorrendo-as a pé ou a cavalo, e dedica-se ao comércio legal e ilegal; a esse homem rebelde e maldito, espírito sarcástico e detrator em perene movimento, a sorte reservou a mais extrema desfeita: a amputação da perna.

> Em fins de março, decidi partir – escreve à irmã – [...] fiz uma padiola coberta por uma tenda, que dezesseis homens transportaram a Zeila em uma quinzena. No segundo dia de viagem, achando-me afastado da caravana, em um lugar deserto, fui surpreendido por uma chuva sob a qual fiquei deitado por dezesseis horas, sob a água, sem abrigo e sem possibilidade de me mexer. Isso me fez muito mal. Pelo caminho, nunca pude me levantar da padiola; armavam a tenda sobre mim, no exato lugar em que me colocavam; escavando um buraco com as mãos, próximo da borda da padiola, com dificuldade conseguia colocar-me um pouco de lado para defecar no tal buraco, que eu voltava a cobrir de terra[2].

De volta à França, é operado em Marselha, onde, seis dias depois, escreve ao governador de Harar e lhe assegura que, dentro de poucos meses, estaria de volta àqueles lugares para praticar o comércio como antes. Era a marca de

---
2 Ibid., p. 98.

uma irresistível vocação, que o impelia a voltar com uma perna de pau àquele país onde havia se acostumado, todos os dias, a correr pelas montanhas e a passear por desertos, mares e rios. À irmã Isabelle, porém, especificou seu verdadeiro estado de espírito e suas motivações:

> Vou morrer onde o destino me lançar. Espero poder voltar para onde estava, ali tenho amigos há décadas, os quais terão piedade de mim; junto a eles encontrarei trabalho, vou viver dentro das possibilidades. Viverei lá para sempre, ao passo que, na França, à parte vocês, não tenho amigos, nem conhecidos, nem ninguém[3].

Mas a humilhação e o desespero de se ver reduzido àquele estado eram mais fortes do que qualquer intento – como a realidade o era em relação aos desejos –, assim, fatalmente, acabava por dar vazão a toda a sua lúcida inquietação e infelicidade:

> Se alguém nessa situação me pedisse uma opinião, eu lhe diria: você chegou a essa situação, mas não ampute. Cortem, rasguem, piquem, mas não admita que lhe amputem. Se vier a morte, será sempre melhor do que a vida com membros a menos. Muitos fizeram isso; e,

---

3 R. Calasso, *La folie Baudelaire* [A *folie* Baudelaire], Milão, Adelphi, 2008, p. 300.

se fosse possível recomeçar, o faria [...]. Eis que belo resultado: estou sentado e, vez ou outra, levanto-me e dou centenas de pulinhos sobre minhas muletas, e torno a me sentar [...]; quando caminho, não posso desviar o olhar do meu único pé e da ponta das muletas [...], você treme ao ver os objetos e as pessoas se moverem ao seu redor, por receio de que o joguem no chão e lhe quebrem a outra perna. Dão gargalhadas ao vê-lo saltitar. Voltando a se sentar, você tem as mãos sem forças e as axilas rachadas, e a cara de um idiota. O desespero toma conta de você e você fica sentado como um completo impotente, choramingando e esperando a noite, que trará de volta a eterna insônia e a manhã ainda mais triste que a vigília[4].

Para a irmã que o assiste dirá: "irei para debaixo da terra e você caminhará ao sol"[5]. A morte chegou quase de repente, como se tivesse ido buscar aquelas palavras, arrebatando os sonhos de um homem de 37 anos.

O último livro em que Chatwin trabalhou, sem contudo vê-lo publicado, foi uma compilação de artigos, histórias, entrevistas, narrativas de viagens, que, desde o título – *What am I doing here?* [*O que faço eu aqui?*] –, declarava explicitamente seu tributo a Rimbaud, que havia colocado aquela pergunta em uma de suas cartas da Abissínia. Além

---

4 Rimbaud, *Viaggio in Abissinia*, cit., p. 99-100.
5 Id., *Opere* [Obras], Milão, Mondadori, 1997, p. 628.

disso, constam numerosas citações de Rimbaud em seus cadernos de notas, como prova de uma admiração e de uma dívida intelectual que aquele título acaba selando. Na hora extrema, essa dívida se transforma em um destino parecido: portador de aids, perderá o movimento das pernas, as quais chamava "os meus rapazes", passando os últimos meses de vida em uma cadeira de rodas.

> Havia acreditado que caminhar fosse uma maneira de curar as doenças. A recusa dos "rapazes rebeldes" de responder ao seu apelo fez com que entendesse que já não era mais aquele explorador animado e jovem. Disse a Elizabeth: "Se não posso caminhar não posso escrever"[6].

A reforçar essa ligação até se transfigurar na identificação está o fato de que Chatwin, nas últimas semanas de vida, estava trabalhando em uma obra musical sobre Rimbaud, apresentada mais tarde, anos após sua morte.

Poucos dias antes de morrer, Chatwin chamou o diretor alemão Herzog, que, fazia uns anos, havia levado às telas o seu segundo livro, *O vice-rei de Uidá*.

> "Foi a primeira coisa que disse: 'Quero morrer' [...] eu disse. 'O que devo fazer? Atirar em você?' [...]". Bruce havia chamado Herzog porque achava que o diretor

---

6 N. Shakespeare, *Bruce Chatwin*, cit., p. 748.

tinha poderes terapêuticos. Quando se conheceram em Melbourne, em 1984, iniciaram uma conversa com uma discussão sobre os poderes revigorantes das caminhadas. "Teve comigo um entendimento quase imediato quando lhe expliquei que ser turista era um pecado mortal, mas que caminhar era uma virtude, e que tudo o que não ia bem e que de algum modo condenava à morte a nossa civilização era o afastamento da vida nômade [...]. Era um esqueleto, não tinha sobrado nada dele, e de repente gritava para mim: 'Devo voltar de novo para a estrada, devo voltar de novo para a estrada'. E eu dizia: 'Sim, aquele é o seu lugar'. E ele dizia: 'Você pode vir comigo?'. E eu dizia: 'Sim, claro, caminharemos juntos'. E então ele dizia: 'A minha mochila é tão pesada'. E eu dizia: 'Bruce, eu a levo'. E falávamos dos lugares em que caminhávamos e em que tínhamos feito um passeio juntos e de repente tinha um momento de lucidez, quando a coberta lhe escorregava das costas; a cada cinco minutos eu o virava porque tinha os ossos doloridos e chamava as suas pernas de 'os rapazes'. Disse: 'Você pode colocar o rapaz da direita deste lado, e também o rapaz da esquerda?'. E olhou para baixo e viu que as pernas eram só umas varetas e me olhou naquele momento de grande lucidez e disse: 'Nunca mais vou caminhar'. Disse: 'Werner, estou morrendo'. E eu disse: 'Sim, eu sei'. E então disse: 'Você terá de levar minha mochila, você é quem deverá levá-la'. E eu disse: 'Sim, farei isso com orgulho'. E agora estou com a sua mochila e é uma coisa muito preciosa para mim. Se a minha casa se incendiasse, colocaria meus filhos janela afora, mas, de tudo o que tenho, eu salvaria a mochila"[7].

Chatwin morreu pouco depois, no hospital de Nice; tinha 48 anos[8].

Arthur Rimbaud no século XIX e Bruce Chatwin no XX são os arquétipos míticos e carismáticos do impulso inextinguível de caminhar; um destino caprichoso e cruel os alcançou e destruiu, bem a eles, naquilo que os fazia tão livres e únicos. Rimbaud foi uma estrela incandescente que atravessou num piscar de olhos o firmamento; Chatwin, um fogo de artifício. "Nunca podia prender-se por muito

---

7 Ibid., p. 778-9.
8 Elizabeth, sua mulher, levou para a Grécia, para Kardamili, as cinzas do marido, enterradas próximo a uma pequena capela bizantina, homenagem à igreja grega-ortodoxa para a qual tinha olhado com sincero interesse nos últimos anos de sua vida. Chega-se a ela por uma trilha de terra batida e com degraus de pedra, que desde a cidade velha sobe em direção à colina através de bosques, olivais e com o mar embaixo que de repente aparece, preenchendo o horizonte. Experimenta-se uma feliz sensação caminhando entre o verde do entorno e o azul do mar que parece tocá-lo. Chega-se em menos de uma hora, com as montanhas do Taígeto às costas, à frente uma extensão de água que confunde as suas cores com o céu, abaixo, a aldeia de Kardamili. Nessa paisagem serena e encantada onde chega apenas o som dos sininhos do gado no pasto, aí repousa Bruce Chatwin. Fiel a determinadas ideias e propostas suas, nada que testemunhe a sua presença, nem uma cruz, nem, à maneira oriental, uma pilha de pedras. Resta, para quem chega até lá, apenas o eco dos passos dados ou a força da memória e das associações: é o que serve para caminhar.

tempo, porque isso o consumiria. Essa é a razão da sua morte. Não se pode ser um maravilhoso fogo de artifício e viver para sempre"⁹.

Breve digressão. Faço uma associação, que vem a calhar, com o homem esbelto que atingiu o feito, até agora não igualado, de vencer por duas vezes consecutivas a maratona nas olimpíadas. Descalço, deslizava pelas antigas ruas de Roma, como estava acostumado a fazer pelos planaltos etíopes; o seu nome, que virou uma lenda, era Abebe Bikila. Conseguiu apaixonar-se pela primeira vez tanto pela mais misteriosa e desumana das corridas, como também, e acima de tudo, fez dos seus pés símbolo de um continente que se punha a caminho. Se aqui me lembro dele é porque ele também foi pego nas insondáveis armadilhas da lei do contrapasso*: seus pés não responderam mais. Ele, que era no mundo todo a própria imagem da corrida, terminou seus dias sobre uma cadeira de rodas.

Diante dessas vidas que repentinamente naufragam no seu avesso, ficamos primeiramente incrédulos e confusos, depois, inadvertidamente, tendemos a pensar que não é um destino cego que se abateu sobre eles; assim, à compaixão

---

9 Shakespeare, *Bruce Chatwin*, cit., p. 787.
* Incorporada à língua italiana, a lei do contrapasso (do latim *contra pati*) tem origem n'*A divina comédia* de Dante Alighieri e diz respeito aos castigos infernais, nos quais a punição corresponde ao pecado cometido, seja por analogia ou contraste. Em termos mais livres, poderia ser entendida como "ironias do destino". (N. E.)

infinita que experimentamos mistura-se por fim uma sutil inquietação que nos dá vertigens. Luz demais ou escuridão em demasia tiram o chão de nossos pés, exatamente como aconteceu com eles. Vem à mente, e somos quase obrigados a repetir, a frase que Roché colocou no encerramento de seu livro: "Mas não estava permitido"[10]. Só provisória e confusamente se consegue pensar e dizer isso.

Talvez exista um final feliz. No dia de Natal de 1956, Robert Walser saiu para o seu costumeiro passeio solitário; caminhar, como os seus leitores sabiam, era a sua única e verdadeira paixão. Encontraram-no estendido, com a cabeça um pouco inclinada, a boca aberta e uma expressão que se parecia com um sorriso. Se para Rimbaud e Chatwin o fim se manifestou como uma traição a suas vocações mais autênticas, para Walser foi uma celebração. Mas existe algo de significativo que liga a obra de Chatwin e a escrita de Walser e que remete às suas identidades de caminhantes. Foi Benjamin, que expressou admiração pelo escritor, quem notou que "cada frase de Walser se propõe a fazer esquecer a anterior"[11]. Característica de Chatwin: "cada livro seu parece ter o objetivo preestabelecido de contradizer o imediatamente anterior"[12]. Esse é o espírito profundo de

---

10 H.-P. Roché, *Jules e Jim*, Milão, Adelphi, 1987, p. 227.
11 W. G. Sebald, *Il passeggiatore solitario* [*O caminhante solitário*], Milão, Adelphi, 2006, p. 32.
12 Shakespeare, *Bruce Chatwin*, cit., p. 767.

quem caminha: não deixar pegadas que o vento não possa apagar, não se acomodar sobre os passos dados, não se deixar prender, errar por outros caminhos, voltar ao caminho para mais uma vez buscar. Tudo isso está nos escritos e na obra de Walser e de Chatwin.

Estamos livres para caminhar?

Partimos de uma tese: não existe nada mais subversivo, mais alternativo ao modo de pensar e de agir hoje dominante do que caminhar.

Expusemos razões e motivações para isso e concluímos com uma verdade: caminhar é um ato de liberdade.

Depois, contamos o início e o fim daquela longa história que vai do nômade de Chatwin ao *flâneur* de Benjamin.

Agora a questão que está diante de nós é a seguinte: apesar de tudo, estamos livres para caminhar nos dias de hoje?

Antes de responder, um esclarecimento essencial. No final do século XIX, Eduard Bernstein, pai do revisionismo marxista, escreveu: "Essa meta, qualquer que seja, não é nada para mim, o movimento é tudo"[1]. Desde

---

1 Vários autores, *Storia del marxismo contemporaneo* [História do marxismo contemporâneo], Milão, Feltrinelli, 1997, I, p. 219.

então, aquela frase que ficou famosa, "o movimento é tudo", tomou corpo e, com o tempo, tornou-se uma bandeira, uma mentalidade, um modo de ver o mundo e a si mesmo. Ressurgiu recentemente, quando muita gente, em muitos lugares, se perguntou sobre quais as éticas em que se poderia confiar na chegada do novo milênio. Entre tais exercícios, que em mais de um caso o 11 de setembro de 2001 colocou em seu devido lugar, fez-se referência a uma ética do caminhante, "sem meta e sem ponto de partida e de chegada"[2], como escreveu Umberto Galimberti. Tese sugestiva essa, que parece interceptar aquele sentimento de incerteza e de insegurança que levou a se definir como líquida a nossa sociedade. Todavia, trata-se, como já vimos, de uma tese baseada em uma mal fundamentada interpretação do caminhar.

Caminhar não é mover-se por mover-se. Desviar, passar o tempo, voltar sobre os nossos passos não é apenas belo ou prazeroso, não exalta apenas a nossa particularidade de seres humanos em contraste com a repetição das máquinas, mas é, sobretudo e antes de tudo, possível enquanto

---

2 A referência é ao que escreveu Umberto Galimberti: "Sem meta e sem ponto de partida e de chegada que não os acidentais, a ética do caminhante, *que não conhece o seu futuro*, pode ser o ponto de referência de uma humanidade para a qual a técnica ofertou um futuro imprevisível, e que portanto não pode se referir às éticas antigas, cuja normatividade olhava o futuro como uma continuação do passado, porque o tempo era inscrito na estabilidade da ordem natural" (U. Galimberti, *Orme del sacro*, cit., p. 313).

ato inserido em uma ordem, em um percurso, em um *télos*. Quem caminha sabe disso. Franz Hessel:

> É recomendável não sair a passeio completamente sem meta [...]; no "andar a esmo" reside o danoso diletantismo. Proponha-se ir a um determinado lugar. Pode ser que você desvie agradavelmente do percurso escolhido. Mas um desvio pressupõe sempre uma meta preestabelecida[3].

Existe sempre uma Ítaca para a qual se voltar, sem a qual não existe viagem alguma. A ética do viajante assim concebida pertence completamente à história e ao conceito de errância, que é bem diferente do de nomadismo. Existe, de fato, uma diferença de base, como já escrevemos anteriormente: o nomadismo segue percursos definidos, a errância, não; e Francesco Careri elucidou os motivos:

> Em geral, não é correto falar de nomadismo antes da revolução neolítica do sétimo milênio a.C., estando o nomadismo e o assentamento ligados à nova utilização produtiva da terra, iniciada com a mudança climática depois da última glaciação. Enquanto o nomadismo se desenvolve sobre vastos espaços vazios, mas ao mesmo tempo conhecidos, e prevê um retorno, a errância se

---

3 Hessel, *L'arte di andare a passeggio*, cit., p. 217.

desenvolve em um espaço vazio ainda não mapeado e não tem metas definidas. Em certo sentido, o percurso nômade é uma evolução cultural da errância, uma espécie de "especialização" dela. É realmente importante lembrar que agricultura e pastoreio são duas atividades que se originam da especialização das duas atividades primitivas produtivas, "a coleta e a caça", ambas ligadas à errância. Essas duas atividades, que consistiam em procurar o alimento vagando pelo espaço, evoluíram no tempo graças à lenta domesticação dos animais (pastoreio) e das plantas (agricultura), e geraram, somente depois de muitos milênios, o espaço sedentário e o espaço nômade"[4].

É a partir desse ponto de vista que se compreende melhor a declaração e a insistência de Chatwin sobre o tema do retorno: "O retorno oferece uma plenitude de sentido que o simples ir não possui. O retorno é a resposta que encontramos para a nossa inquietação"[5]. Para quem havia feito do nomadismo o centro da própria existência e reflexão, não poderia haver ideia diferente. Na ideologia abstrata do caminhante, fica completamente esquecida a dimensão do retorno, que, pelo contrário, é essencial. Assim é para colocar-se novamente a caminho: Ulisses retorna a Ítaca. Assim

---

4 F. Careri, *Walkscapes. Camminare come pratica estetica* [Walkscapes. O caminhar como prática estética], Torino, Einaudi, 2009, p. 26-7.
5 Gnoli e Chatwin, *La nostalgia dello spazio*, cit., p. 79.

é porque, além da plenitude de sentido e da expectativa, existe sempre uma falta: aqueles lugares não são mais como os deixamos. Ulisses encontra a sua casa e a sua família desonradas. Porém, assim é, antes de tudo, por nossa causa, porque nosso olhar já não é aquele de antes:

> Não cessaremos jamais de buscar.
> E o fim da nossa busca
> será chegar ao ponto de onde partimos
> e conhecer aquele lugar pela primeira vez[6].

Assim é, enfim, porque fazer o caminho de volta vai de encontro à ideia dominante de que é necessário seguir sempre em frente à procura de novidade, do nunca visto, do exotismo forjado em um mundo onde o exótico não existe mais ou está logo ali na esquina. Em vez disso, quanta surpresa e força em

> ver de novo o que já se viu, ver na primavera o que se tinha visto no verão, ver de dia o que se viu de noite, com sol onde na primeira vez chovia, ver a seara verde, o fruto maduro, a pedra que mudou de lugar, a sombra que não existia. É necessário voltar pelo caminho que já se fez, para repeti-lo, e para traçar ao lado dele novos

---

6 T. S. Eliot, "Little Gidding V" apud Hammarskjöld, *Tracce di cammino* [Marcas do caminho], Magnano, Quiqajon, 2006, p. 80.

caminhos. É necessário recomeçar a viagem. Sempre. O viajante volta já.

Assim escreveu Saramago[7].

Na retórica do movimento pelo movimento, nessa mística do caminhante, que só pode ser realizada precisamente porque se propõe a sair e a se divorciar do mundo ou das correntes artísticas, reside uma frágil ideia da liberdade e da responsabilidade, ambas distorcidas e reduzidas a uma errância anárquica sem pé nem cabeça. Porque liberdade e responsabilidade não existem sem um contexto social e sem uma tomada de consciência e de posição que permita dizer quem sou eu, onde estou e aonde estou indo. Somente assim faz sentido colocar a questão: apesar de tudo, estamos livres para caminhar nos dias de hoje? A resposta, embora dolorida, é sim. Mas sob condições específicas e sobretudo tendo de vencer tais condições, que são de dois tipos: uma de caráter existencial e cultural, outra de caráter físico-estrutural. Abordemos aqui a primeira.

Caminhar, como já dissemos, é arriscado porque nos expõe ao imprevisível, e a nossa relação com essa situação, com essa dimensão, mudou profundamente no curso dos milênios.

Um período de incidentes, eventos imprevistos e desgraças nos entregava à imperscrutável vontade de Deus,

---

[7] J. Saramago, *Viaggio in Portogallo* [*Viagem a Portugal*], Turim, Einaudi, 1999, p. 507.

que assim quisera. Essa atitude se prestava a encobrir muitas responsabilidades, muitas transgressões, más condutas humanas, demasiado humanas. Hoje passamos à posição oposta. Diante daquilo que aleatoriamente pode suceder conosco, das catástrofes naturais aos incidentes mais próximos e banais, rapidamente procuramos um bode expiatório, o culpado sobre quem infligir os nossos pecados. Por quê? Dessa forma, também voltamos a um tema levantado anteriormente: o domínio da técnica e da racionalidade instrumental. Franco Cassano escreve:

> O domínio da razão e da técnica com seus próprios sucessos de fato difundiu a convicção de que todo limite é apenas provisório e pode ser deslocado mais para diante; assim como o corpo e a saúde tornaram-se passíveis de serem construídos, também a dor pode ser eliminada. Em nossa cultura não existe mais nada que nos ajude a "suportar" um limite e, quando discordamos brutalmente disso, rapidamente começa a caça ao responsável: atrás de cada morte existe uma prevaricação ou uma negligência, uma norma indesejada ou um limite normativo inaceitável. Houve um tempo em que havia apenas incidentes, nunca havia delitos; hoje os incidentes são apenas delitos camuflados[8].

---

8 F. Cassano, *Modernizzare stanca* [Modernizar cansa], Bolonha, il Mulino, 2001, p. 49.

Resta somente acrescentar o trabalho extra de nós, italianos, para procurar os responsáveis em um país onde ninguém jamais é culpado porque, por princípio, somos todos vítimas. Luigi Zoja nos deu uma interpretação psicológica dessa mentalidade coletiva que

> procura então negar tragédia e destino, assim, quando tragédia e destino chegam – porque cedo ou tarde chegam, a despeito da vontade humana –, recusa-se a reconhecê-los como tais e procura bodes expiatórios, identifica inimigos, mesmo à custa de trocar a razão pela paranoia. Em termos psicológicos: deve projetar destino e tragédia sob a forma de complôs diabólicos, porque se recusa a reconhecê-los como realidades humanas [...]. A sociedade ocidental de hoje vive de simplificações otimistas e utilitaristas, que recusam a noção de destino e de tragédia porque isso atrapalha a busca por conforto[9].

O fato é que aceitamos cada vez menos sermos expostos à vida, aos imprevistos e aos riscos que ela comporta. Isso pode ser notado nas pequenas coisas, nos detalhes, como o *boom* das notícias sobre meteorologia: no Google, é o termo mais procurado. O aumento de sites e de serviços: *Repubblica Meteo*, em um ano, passou de 349 mil para

---

9 Zoja, *Giustizia e Bellezza*, cit., p. 85-6.

640 mil usuários, com um aumento de 83%[10]. Esses dados são obviamente influenciados pelo aumento dos deslocamentos durante os finais de semana, mas existe algo mais profundo: o desejo de conhecer previamente para poder controlar os acontecimentos a fim de se proteger e, assim, eliminar os imprevistos.

Vivemos o limite como um abuso, um ataque pessoal que nos impede de sermos fortes e seguros, e estamos convencidos de que, uma vez vencido, superado, teremos garantida a nossa existência.

Acontece, porém, que, quanto mais seguimos nessa direção, mais nos damos conta de que sempre existe algo de imprevisível, de que o inesperado está logo ali na esquina, de que ter os fatos, as situações, as contingências no âmbito de nossas previsões é impossível. Mas isso, em vez de nos fazer refletir, de nos fazer mudar de atitude, de nos fazer reconhecer os limites por aquilo que eles são (a condição normal e natural do nosso estar no mundo), só faz alimentar na sequência essa ânsia de segurança. A conclusão é que, como limites e imprevistos não podem ser eliminados da nossa vida cotidiana, não se pensa em outra coisa senão em se defender e se proteger. Desse modo, o resultado é acabar se defendendo da própria vida, vivendo sem ter vivido. Cioran escreveu:

---

10 *L'espresso*, 5 de fevereiro de 2009.

"Vivemos no medo, e é dessa forma que não vivemos". Esta frase do Buda talvez queira dizer: em vez de ficar no estágio em que o medo se abre sobre o mundo, fazemos dele um fim, um universo fechado, um substituto do espaço. Se ele nos domina, deforma a nossa imagem das coisas[11].

Somos reféns de um mecanismo infernal que, ironia do destino, parece ser, sim, irrefreável: quanto mais nos damos conta dos limites e dos imprevistos, mais nos sentimos frágeis; quanto mais nos sentimos frágeis, mais nos sentimos perdidos e com medo; quanto mais nos sentimos perdidos e com medo, mais nos tornamos retraídos e amargos. Não é uma previsão, é o panorama humano e social que temos diante de nossos olhos, no qual se foge em vez de se prestar socorro a quem acabou de ser atropelado por um carro e é abandonado ali, morrendo no asfalto.

É no par liberdade-segurança que se aposta o presente e o futuro das nossas sociedades.

O equilíbrio até aqui alcançado definitivamente está sendo deslocado em direção à segurança, e, em nome desta, a liberdade é corroída e abreviada. Por isso, ressoam proféticas e inquietantes as palavras de Tocqueville:

> Concordo facilmente que a paz pública é um grande bem, mas não desejo esquecer que foi justamente através

---

11 Cioran, *La tentazione di esistere*, cit., p. 201-2.

> da ordem que os povos chegaram à tirania. Disso não resulta que os povos devam desprezar a paz pública, mas que não se satisfaçam com ela. Uma nação que não postula do seu governo senão a manutenção da ordem no fundo do seu coração já é escrava: é escrava do seu bem-estar e o homem que deve acorrentá-la pode aparecer[12].

Em uma nação – a nossa – que conheceu a infâmia do fascismo, essas palavras deveriam estar pregadas nos muros de todos os edifícios.

No fim, o resultado está escrito: seremos menos livres e mais inseguros porque o monstro da insegurança devora tudo e de tudo se alimenta.

Nesse contexto, em que a segurança prevalece sobre a liberdade e em que defender-se é a palavra de ordem, caminhar é cada vez mais complicado, cada vez mais difícil. Acontece assim primeiro na teoria, depois na prática, da qual trataremos mais tarde.

Quem gosta e deseja caminhar, repentinamente se acha diante desse senso comum, tanto mais coercitivo quanto mais inconsciente. Caminhar vira uma atividade estranha, anômala, em que se deve ficar de olho.

Ninguém melhor do que Ray Bradbury expressou isso no conto "O pedestre". Ambientado em 2053, capta

---

12 A. de Tocqueville, *La democrazia in America* [*A democracia na América*], Milão, Bur, 1998, p. 554.

magistralmente a carga subversiva do caminhar, em uma sociedade controlada pelo lado de fora e reclusa pelo lado de dentro das quatro paredes do lar: um instantâneo detalhado e profético dos nossos dias, escrito nos anos 1950. Como toda noite, Leonard Mead encaminha-se para a sua cidade:

> "– Qual o programa a esta hora?" – perguntou para as casas, olhando seu relógio. "– Oito e meia. Hora de meia dúzia de delitos diversos? Ou de um *quiz*? Ou de um musical? Ou de um esquete de humor?". Depois, chegando ao fim do seu passeio, entrou em uma rua secundária, a fim de voltar para casa. Estava então a um quarteirão da porta de casa quando, de repente, um carro solitário virou a esquina e focou sobre ele um violento cone de luz. Num primeiro momento, ficou imóvel; depois, não muito diferente de uma mariposa cegada pela claridade, sentiu-se atraído pela luz. Uma voz metálica cortou o silêncio:
> – Fique parado. Fique onde está! Não se mova!
> Ele parou.
> – Mãos ao alto!
> – Mas... – disse.
> – Mãos ao alto! Ou atiramos!
> A polícia, claro.

A essa altura, superadas as formalidades de praxe, chega a pergunta fatídica, núcleo do conto:

– Por que saiu de casa?
– Para caminhar – disse Leonard Mead.
– Caminhar!
– Só caminhar – disse com naturalidade, embora um frio lhe corresse pela espinha.
– Caminhar, só caminhar, caminhar?
– Sim, senhor.
– Caminhar para onde? Para quê?
– Caminhar para tomar um ar. Caminhar para ver.
– Seu endereço, por favor.
– Rua Saint James, número 11.
– E não tem ar na sua casa, senhor Mead? O senhor não tem um ar-condicionado?
– Sim.
– E tem uma tela de TV em casa? Uma tela para ver?
– Não.
– Não? – Foi um silêncio crepitante que, por si só, era uma acusação [...].
– Saiu sozinho, para caminhar, senhor Mead?
– Sim.
– Mas ainda não nos disse com que propósito.
– Já lhes expliquei: para tomar um ar, para ver, e pelo prazer de caminhar.
– Faz isso sempre?
– Há anos, todas as noites.
O carro de polícia estava agachado no meio da rua, com sua garganta de rádio emitindo um zumbido fraco.

— Bem, senhor Mead – disse.

— Isso é tudo? – perguntou polidamente Mead.

— Não. – disse a voz – É tudo. – Houve um estalo metálico e como que um longo suspiro. A porta traseira do carro da polícia abriu-se lentamente. – Entre.

— Espere, eu não fiz nada!

— Entre.

— Eu protesto. Vocês não têm o direito de...

— Senhor Mead.

Leonard Mead avançou resignado, cambaleava apenas, mas tinha as costas subitamente curvadas. Ao passar diante do para-brisa olhou dentro do carro. Como esperava, não havia ninguém sentado no banco da frente, não havia ninguém no carro.

— Entre. – Pôs uma das mãos na porta e examinou o banco traseiro, que era uma pequena cela, uma pequena prisão escura, com barras. Tinha cheiro de aço. Tinha um forte cheiro de antisséptico. Tinha cheiro de uma limpeza fria, de um duro metal. Não havia nada macio ali dentro.

— Se você fosse casado, e sua mulher pudesse testemunhar – disse a voz de ferro – Mas do jeito que as coisas estão...

— Para onde estão me levando?

O carro hesitou, ou melhor, emitiu um leve, brevíssimo zumbido, e um estalo, como se um braço mecânico, dentro dele, quem sabe onde, passasse uma série de

fichas sob um olho eletrônico. "Ao Centro de Pesquisa Psiquiátrica sobre Tendências Repressivas". Leonard Mead entrou. A porta se fechou com um baque suave. O carro deslizou pelas avenidas da noite, antecipado por seus faróis ofuscantes. Pouco depois, passaram em frente a uma determinada casa, em determinada rua, a única casa, em uma cidade de casas escuras, que tinha todas as suas luzes acesas, cada janela viva e brilhante, cada retângulo quente e claro na escuridão de novembro.
– Aquela é a minha casa – disse Leonard Mead.
Ninguém respondeu. O carro continuou sua corrida ao longo dos rios secos, deixando atrás de si ruas desertas e calçadas desertas, onde nem som nem movimento voltaram a perturbar a fria noite de outono[13].

Se existe algo a acrescentar a esse cenário, que nada tem de ficção científica, é que a atitude securitária foi ampliada por causa das multidões de migrantes que entregam aos pés a busca do direito à vida. Com poucas e essenciais pinceladas, letra e música de Bruce Springsteen, com sua reconhecida competência, falam sobre isso:

Homens caminham ao longo da estrada de ferro,
vão para algum lugar, não há retorno:

---

13 R. Bradbury, *Il pedone* [O pedestre], in S. Solmi e C. Fruttero (orgs.), *Il secondo libro della fantascienza* [O segundo livro de ficção científica], Turim, Einaudi, 1961.

helicópteros da polícia surgem sobre o cume,
sopa quente no fogo de um acampamento sob a ponte,
a fila para o abrigo já vira a esquina.
Bem-vindos à nova ordem mundial[14].

Em histórias em forma de canções, ele continua a nos falar daquela "liberdade obrigatória" que leva homens e mulheres a se movimentarem pela libertação da miséria, com a esperança confiante de que o amanhã será melhor. Para muitos, gente demais, não será assim. Simples "anti-heróis" do nosso dia a dia, que não viram notícia porque não despertam mais nem escândalo nem indignação. Como em *Matamoros Banks*, onde realismo, força e empatia nos fazem trilhar o caminho de volta, do corpo sem vida até aquele homem que a pé atravessa o deserto para chegar ao rio Grande, além da fronteira que vai do México aos Estados Unidos.

Por dois dias o rio o mantém submerso,
depois você se ergue para a luz, sem um som
além, os parques e pátios de carga vazios
as tartarugas comem suas pálpebras, para que seus olhos
arregalados fixem as estrelas.

---

14 B. Springsteen, "The Ghost of Tom Joad", no álbum homônimo, Columbia, 1995.

Depois é aquele corpo sem vida que passa a narrar:

> Por rios de pedra e leitos de antigos oceanos,
> caminho sobre minhas sandálias de corda e borracha.

E quanto mais caminha, mais se volta para sua mulher, quase para encontrar a força e a vontade de continuar.

> Daria qualquer coisa, querida, por um beijo seu,
> por seu doce amor agradeço a Deus,
> pelo toque delicado dos dedos seus.
> Encontre-me nas margens do Matamoros.

Tudo se esgota em uma linha:

> Um grito ecoa, e mergulho no pantanoso rio vermelho[15].

Não haverá mais nenhum encontro em Matamoros Banks.

Não há que se esperar por eventuais tempos melhores ou então confiar que faltam mais de quarenta anos para o desfecho imaginado por Bradbury, mas só (r)e(s)xistir, dar vida, aqui e agora, a outro ponto de vista, a outro modo de ver as coisas, que pode ser resumido assim: caminhar não só nos torna livres, mas torna mais acolhedores e mais

---

15 Id., "Matamoros Banks", *Devils & Dust*, Columbia, 2005.

vivos os lugares pelos quais passamos, torna-os, portanto, mais seguros.

Caminhar é um pensamento prático que pode nos ajudar a romper esse círculo vicioso que alimenta medo e insegurança.

Caminhar dá um testemunho de que não há necessidade de temer o medo, dá um testemunho do cuidado e da atenção com os lugares pelos quais passamos para que outros possam colocar-se a caminho como nós.

Sim, testemunho. Palavra que caiu em desuso, encarada com arrogância e vista com desconfiança, não obstante não existir hoje valor mais alto em que confiar senão este: dar testemunho daquilo em que se acredita.

De modo que, se queremos caminhar, não resta outra coisa a fazer senão nos pormos a caminho.

UMA CROSTA DE ASFALTO E CIMENTO

Em meio ao desinteresse geral, o ano de 2008 registrou um acontecimento memorável: pela primeira vez na história da humanidade, a população urbana superou a não urbana. Isso jamais havia acontecido antes.

As consequências se farão sentir. Mas, se observarmos o nosso país, já se fazem sentir, e há muito tempo. De fato, pouco a pouco, implantou-se um modelo urbano do tipo norte-americano: um enorme consumo do solo e o predomínio incontestável do veículo particular; o que nos salvou foi apenas a tutela e a conservação dos centros históricos, graças a uma lei transitória que, como tudo o que para nós nasce provisoriamente, permanece há décadas. Vamos a alguns dados, para não desperdiçar palavras demais.

Na Itália, nos últimos onze anos, no período de 1995 a 2006, foram destruídos mais de 750 mil hectares de áreas livres, isto é, mais que 68.200 hectares por ano; na prática, em onze anos, uma região tão grande quanto a Úmbria foi coberta por asfalto e cimento, e a cada ano desaparece uma cidade do tamanho de Ravena[1]. Uma loucura.

Para entender do que estamos falando: na Alemanha, uma lei nacional vincula o consumo do solo agrícola a não mais que 10 mil hectares por ano; na Inglaterra, as novas construções devem respeitar o limite de 70% em áreas já edificadas. Richard Rogers, um dos maiores arquitetos do mundo, lembra:

> Em Londres, tivemos um incremento populacional de 1 milhão de pessoas em dez anos e não tocamos nenhum metro quadrado sequer de área verde, a zona rural ao redor de Londres... É preciso ter coragem de dizer não: quem deseja uma segunda ou uma terceira casa no campo deve procurá-la entre as já existentes[2].

É exatamente o contrário do que acontece aqui entre nós, com a política totalmente submissa na qual, como escreveu Asor Rosa,

> não há ponto mais pacífico na Itália do que a "inundação cimenteira". Desprezadas as grandes diferenças ideológicas [...] a classe política italiana, central ou local,

---

[1] P. Berdini, *Il consumo di suolo in Italia* [O consumo do solo na Itália], *Democrazia e Diritto*, 2009, 1.
[2] *Terzo Occhio*, 2007, 4.

encontrou uma inédita unidade identitária e de propósitos, abraçando um novo tipo de ideologia única e encorpada. A dos tijolos[3].

Por trás dessa ideologia existem os interesses e a força dos construtores, cuja irresistível e esmagadora aspiração, cujo maior desejo, que assume contornos quase sexuais, é penetrar e preencher a área campestre com casas de campo geminadas, para depois glorificar, em matérias de páginas inteiras nos jornais, quase sempre de sua propriedade, o verde, o silêncio, a natureza que eles mesmos estão destruindo. Admirável exemplo de propaganda enganosa![4] É essa ideologia do tijolo – seguramente é o caso de dizer – que cimenta grande parte da classe político-administrativa; é essa conivência, essa cumplicidade com os interesses da renda fundiária e da especulação imobiliária que levam à indignação e à vergonha de não haver ainda uma lei de utilização do solo, e que levam a não acatar as razoáveis e sensatas palavras de Carlo Petrini:

> Deixem para lá os terrenos agrícolas, são um recurso insubstituível, limpo, belo, produtivo. São o espaço que

---

3 A. Asor Rosa, *Questa Italia di cemento* [Esta Itália de cimento], *la Repubblica*, 4 de julho de 2007.
4 "O prestígio de viver em um maravilhoso vale natural na *campagna* romana, de ser proprietário de uma casa em um campo de golfe, do renomado Trent Jones Jr., de contar com segurança privada 24 horas por dia, com acesso controlado. Vocês serão os únicos" (propaganda do Golf Club Terre dei Consoli).

nos permite respirar, que enche os olhos, que nos dá de comer e que guarda a nossa memória, a nossa identidade. Continuar a destruí-los, depois de todo o massacre já produzido, não é próprio de um país civilizado[5].

O *boom* imobiliário dos últimos anos foi motivado pelo déficit de casas, mas o paradoxo é exatamente este: constrói-se de maneira frenética e, ao mesmo tempo, agrava-se a situação habitacional. É um dos mais clamorosos e evidentes casos de falência do mercado: tanta casa sem gente e tanta gente sem casa. Como pode?

É simples, não precisamos dessas construções se queremos dar uma resposta ao clamor social, precisamos de construções populares. Em vez disso, o que está sendo construído responde a uma exigência da camada social média alta, ou é fruto de operações imobiliárias especulativas sustentadas por fundos de investimento nacionais ou estrangeiros. Para perceber basta andar pelos novos bairros de Bufalotta ou de Ponte di Nona, em Roma, onde existe um estoque imponente, seja residencial ou comercial. Apesar disso, o massacre continua, com novos assentamentos em um bem extraordinário como o Agro romano*. Constrói-se porque as prefeituras, como explicou Vittorio Emiliani,

---

5 C. Petrini, *L'Italia mangiata dal cemento* [A Itália engolida pelo cimento], *la Repubblica*, 5 de outubro de 2008.

* O Agro romano é a zona rural que se estende ao redor da cidade de Roma e administrativamente faz parte dela. (N. E.)

em passado recente, obtiveram do Orçamento a autorização para utilizar verbas das licenças de construção para cobrir as despesas correntes, os "buracos" do balanço. Uma verdadeira "droga". Como imaginar que as mesmas prefeituras sejam as guardiãs da paisagem como bem coletivo e, simultaneamente, controladoras atentas da expansão imobiliária se esta última é, para elas, um recurso vital, por uma espécie de "doping" orçamentário? Trata-se aqui de pesar os interesses em jogo e, sob essa ótica, não há dúvida de que "pesam" mais os interesses do cimento do que os da tutela paisagística[6].

Mas, uma vez que, como já estamos cansados de saber, um mal nunca vem só, aconteceu que, em pleno verão do ano da desgraça de 2010, em nome das "simplificações", um novo golpe foi desferido contra o território e a paisagem:

> Construir nunca foi tão fácil. A partir de hoje, não é necessária qualquer licença, basta uma sinalização qualquer, de início de atividades, certificada por um "técnico habilitado", a *Scia**, e está feito. Único requisito: ser uma empresa [...]; monta-se um canteiro de obras, onde se desejar [...]; transcorridos trinta dias sem que a

---

6 V. Emiliani, relatório para a conferência *Il paesaggio italiano aggredito: che fare?* [A paisagem italiana agredida: o que fazer?], Roma, 25 de outubro de 2007.

* *Segnalazione certificata di inizio attività* [Sinalização certificada de início de atividade]. (N. T.)

administração tenha oposto embargo àquele plano, por falta dos pressupostos, tudo OK, à espera de eventuais controles *ex post*[7].

Em um país onde a atividade econômica de regiões inteiras está nas mãos de organizações criminosas, onde as prefeituras têm insuficiência de quadros e corte de verbas, não é tão difícil assim entender o que nos espera.

Se moradia é um direito fundamental reconhecido por nossa Constituição, então o Estado deve fazer a sua parte, não como hoje, na Itália, onde destinamos 0,2% à construção de habitações populares, enquanto a França destina 4,6%, e a Inglaterra e a Holanda, 7%. Ou onde, para as habitações sociais de aluguel, destinamos 4%, enquanto a França destina 18%, Suíça e Inglaterra, 21%, e Holanda, 35%. Nos últimos vinte anos, caímos de 36 mil moradias construídas com subsídio público para 1.800 em 2004. Não é um destino cínico e trapaceiro, é questão de prioridades e escolhas políticas: destinamos hoje 300 milhões de euros à construção popular e 4 bilhões de euros, sob pretextos vários, à Igreja católica; e outros 4 bilhões damos às empresas privadas, sem nem mesmo vinculá-los a mais empregos.

---

7 V. Conte, *Silenzio-assenso per chi vuole costruire. Azzerate le autorizzazioni ambientali* [Silêncio-consenso para quem quer construir. Zeradas as autorizações ambientais], *la Repubblica*, 11 de julho de 2010.

Essa crosta de asfalto e cimento, como a definia Antonio Cederna, que primeiramente invadiu o campo e o litoral, principalmente do sul, está agora transbordando para as áreas montanhosas do centro e não deriva apenas de uma política habitacional deformada e maluca. Giorgio Bocca descreveu assim uma viagem sua de Milão às montanhas de Ascoli Piceno:

> O primeiro trecho entre Milão e Lodi faz por merecer este título: a defunta da paisagem [...]. A planície do vale do Pó, de campanários sobranceiros em meio ao verde, dos batistérios coloridos, dos monastérios cartuxos, das delícias dinásticas dos Este ou dos Visconti não existe mais. Existe uma erupção de concreto sem fim, de galpões chapados, nos quais se sobressaem em letras garrafais os nomes dos donos das fabriquetas, e filas de pequenos caminhões da firma, todos com o nome do patrão e a sua bandeira que se alça quando, onipotente, ele está presente. Mas tem o novo e o pavoroso: os escudos antirruídos para proteger as casas de campo ao redor, poderosos anteparos de plástico e de laminado, que eclipsam o sol e criaram galerias, longos quilômetros que impedem a vista das encostas dos Apeninos, dos acessos que sobem para San Luca, dos bosques, das aldeias. Bolonha deve estar em algum lugar, para diante dos celeiros e das barraquinhas de feira. Para não dizer que o resto do mundo não existe, estão lá apenas as

placas que indicam os desvios para Ferrara e Florença, que também estão dentro da trincheira antirruídos[8].

Gianni Berengo Gardin, que em uma recente entrevista deixou um testemunho daquela paisagem, respondeu assim:

> O homem, nas minhas fotografias, está lá mesmo quando não está. A paisagem em que vive foi construída por ele, mas ele não é o senhor absoluto, não a supera. Pelo menos era assim uns vinte anos atrás. Agora as marcas do homem são prepotentes, invasivas e feias. Certos cliques, hoje, não podem mais ser feitos. Veja só, foi em algum lugar perto de Siena: bem, retificaram e asfaltaram a estradinha sinuosa, cortaram as árvores e lá longe há um estacionamento. Ou dê uma olhada nessas aldeias da Sicília, com todas as casas parecidas, variações da mesma espécie: agora existem condomínios de oito andares e um centro comercial. A melhor proteção para uma paisagem é o cuidado e o prazer de admirá--la. Enquanto a paisagem puder ser observada, desfrutada, e portanto também fotografada, ficará mais difícil devastá-la[9].

---

8 G. Bocca, "L'Italia triste dei capannoni" [A triste Itália dos celeiros], *L'espresso*, 13 de agosto de 2008.
9 G. Berengo Gardin, "Oggi certe foto non potrei più farle" [Não poderia mais tirar determinadas fotos hoje], *la Repubblica*, 2 de abril de 2009.

No final das contas, aquilo que Antonio Cederna denunciava, no final dos anos 1950, os anos do primeiro *boom* imobiliário, é a tradução mais perfeita do que ainda acontece hoje, porque se constrói onde e como se quer, desde que aquele que detém um terreno assim o exija. Não se constrói porque é necessário, ou, ao menos, não só por isso, mas porque existe alguém que tem o poder de impor.

E aqui nos limitamos àquelas escolhas infelizes que, no entanto, têm a chancela legal, e fechamos os olhos a uma das características mais peculiares dessa maravilha de país: a devastação ambiental e urbana decorrente das fraudes, que, sozinhas, mereceriam um capítulo à parte[10].

A segunda pilastra do nosso modelo urbano é o automóvel particular.

Vangloriamo-nos de sermos os primeiros entre os europeus: um carro para cada 1,4 habitante. Desde 1995, em toda a Europa, a quilometragem média dos automóveis particulares diminuiu, com pico de 8% na Grã-Bretanha, até 4% na França; apenas na Itália ficou sem variação; acrescentamos, para completar o quadro, que a média dos nossos trajetos é de quatro quilômetros, o que é um uso insensato e irracional destinado a curtos deslocamentos, causa principal dos congestionamentos urbanos. Não é de espantar: se fosse possível, muitos italianos e italianas também iriam ao

---

10 Veja-se o livro de P. Berdini, *Breve storia dell'abuso edilizio in Italia* [Breve história da construção clandestina na Itália], Roma, Donzelli, 2010.

banheiro com seus possantes. Houve época em que se invocavam os deuses e os espíritos para que fizessem chover sobre os campos secos; hoje confiamos na previsão e esquadrinhamos o céu na esperança de que chova, a fim de que possamos continuar a rodar com o carro pela cidade. Antes, entregávamos à chuva a possibilidade de viver; agora, de entrar no carro.

Em Roma existem 823 carros para cada mil habitantes, incluídos menores e crianças; apenas 25% da população usa o transporte público, contra 67% em Paris, 66% em Madri e 55% em Londres. Somamos a cada dia um morto e setenta feridos por acidentes de trânsito e são 8.820 os mortos por causa da poluição, nas treze principais cidades italianas, estando Roma em primeiro lugar. Pior que uma guerra. Mesmo assim, é de conhecimento geral que o mercado de automóveis está há muito em crise, o que não poderia ser diferente, pelas razões que Guido Viale várias vezes expôs:

> O mercado automobilístico europeu está irremediavelmente em contração; o automóvel é um produto obsoleto que, nos países com alta densidade de veículos, não pode senão enguiçar: por enquanto, só os países emergentes "aceleram", até que o desastre ambiental, de resto iminente, não os fará desistir mesmo que sejam [...] mercados que já antes da crise operavam com uma

capacidade excedente de 30-35%; que, depois da esbórnia dos incentivos para o sucateamento, já ruíram em 15% (mas o da Fiat em 30%); e que se encaminham para um período de longa e intensa recessão[11].

Devemos continuar a colocar dinheiro público em uma produção sem futuro, como já ocorreu com o setor siderúrgico, ou devemos vincular aquele dinheiro à readaptação da produção a novas formas de mobilidade, à atualização e formação dos trabalhadores? Uma classe dirigente séria deveria falar disso e, todavia, estamos aqui discutindo a eliminação do direito de greve ou do contrato coletivo* ou da possibilidade de adoecer, acabando com a dignidade de quem trabalha e levando-nos de volta ao século XIX.

Uma boa e previdente política não tem outra coisa a fazer senão inverter a tendência, promovendo e incentivando, de várias maneiras, o transporte público, principalmente sobre trilhos e depois sobre rodas. Mas se a cidade se alastra velozmente em direção ao campo, é evidente que o final já está escrito: um uso ainda mais maciço do automóvel particular para poder entrar e sair das novas aglomerações, com inevitável aumento do tráfego, dos congestionamentos, da poluição. É desolador constatar

---

11 G. Viale, "Ma l'alternativa a Marchionne c'è" [Mas existe uma alternativa a Marchionne], *il manifesto*, 16 de junho de 2010.

* O Contratto Collettivo Nazionale di Lavoro rege as leis trabalhistas. (N. E.)

isso, mas as políticas que estão sendo levadas adiante não fazem mais que incrementar, reforçar os estragos e os danos nas nossas cidades e, salvo raras exceções, com uma persistência embaraçosa para os partidos políticos. Não nos iludamos, não serão arqueólogos de fama ou engenheiros de trânsito que resolverão essa situação porque o que está em questão é uma ideia de cidade, um modelo urbano insano em que primeiro se constroem casas, centros comerciais, escritórios e, depois, somente depois, se pensa na infraestrutura viária, nos serviços essenciais: exatamente o contrário do que acontece nos demais países europeus. Como lembrou Richard Burdett, consultor do então prefeito de Londres, Ken Livingstone,

> a cidade compacta não tem apenas menores efeitos sobre o aquecimento global. É bem menos cara, porque os transportes públicos e muitos outros serviços não são obrigados a atender frações de bairro dispersos pelo território. Em Londres, o uso de automóvel diminuiu 20% desde 2001. E, no mesmo período, o uso do transporte público terrestre dobrou e os estacionamentos foram banidos do centro[12].

É desanimador o abismo existente entre essa maneira de pensar e de agir e os resultados que se obtêm com o

---

12 R. Burdett, "Richard e le utopie concrete" [Richard e as utopias concretas], *D-la Repubblica*, 19 de agosto de 2006.

que acontece em uma capital como Roma, onde o prefeito anterior, Walter Veltroni, pretendia construir um estacionamento de sete andares sob a Terrazza del Pincio, no coração da Roma barroca, e o atual prefeito, Gianni Alemanno, enquanto revoga essa destruição, promove outra, primeiro convidando à construção de casas naquilo que resta do Agro romano em vez de apostar na recuperação e na melhoria do que já está construído, e aí, como se não bastasse, quer transformar o casario campestre não utilizado ou subutilizado em moradias, que obviamente necessitam de padrões urbanísticos; isso significa urbanizar em larga escala a *campagna* em vez de apoiar a retomada da agricultura orgânica, realizando dessa forma uma ocupação nova e benéfica.

O que está acontecendo aqui conosco tem no modelo urbano norte-americano o seu protótipo; também vem de lá o termo que agora se usa para defini-lo, *sprawl*, "amassar"*.

Rebecca Solnit nos deu uma descrição acurada e preciosa sobre isso, relacionada, justamente, ao caminhar:

---

* Em italiano, "spappolamento", literalmente, "polpação". Na verdade, a ideia que se quer passar com os termos em inglês, italiano ou português é de transformação de uma realidade, por meio de pressão, em uma substância com o aspecto de massa, pasta, papa, polpa. A noção de pressão e amassamento para a retirada e alastramento do que tem valor está presente na ética da expansão urbana sobre áreas rurais (*urban sprawl*). (N. T.)

> Os subúrbios residenciais norte-americanos são construídos tendo o automóvel como referência [...]; nessas expansões urbanas indiscriminadas não mais se espera que as pessoas caminhem, e elas raramente o fazem [...]. Muitas localidades substituíram o centro da cidade por áreas comerciais inacessíveis através de qualquer outro meio, exceto o automóvel, ou então construíram cidades privadas de um centro já na origem e ergueram casas às quais se chega não mais pela porta de entrada, mas pela garagem[13].

Esse não é o futuro que se avizinha, é o nosso presente. Em Roma, lembra-nos o urbanista Paolo Berdini, nos últimos dez anos foram abertos

> vinte e oito grandes centros comerciais que têm uma oferta de vagas para mais de 100 mil carros [...]; na França, estimaram que a abertura de cada um deles provoca, em poucos anos, o fechamento de ao menos setenta atividades comerciais tradicionais, aquelas que caracterizam o tecido urbano e frequentemente representam as únicas atividades não residenciais presentes nas periferias [...]; as cidades que historicamente nasceram exatamente para satisfazer as exigências comerciais estão mudando a fisionomia e concentrando a função vital do comércio em lugares acessíveis somente por

---

13 Solnit, *Storia del camminare*, cit., p. 290-1.

automóveis. Em resumo, enquanto se acendem as luzes de dezenas de centros comerciais, apaga-se uma cidade inteira[14].

Se a voraz expansão imobiliária e comercial e o indiscutível primado do automóvel particular são as duas faces da mesma moeda, então não deve causar tanta surpresa o que um grupo de urbanistas, consultores do prefeito de Londres, escreveu. "Os pedestres são o maior obstáculo à livre fluidez do trânsito"[15]. Eu sei, parece uma piada de Woody Allen, mas é a expressão trágica e surreal de um mundo de pernas para o ar como o nosso, e que tem seguidores:

> No inverno de 1997-98, o prefeito de Nova York, Rudolph Giuliani, decretou que os pedestres atrapalhavam o tráfego (com igual razão, seria possível dizer que, em uma cidade onde um número exorbitante de pessoas se locomove e cuida dos próprios afazeres a pé, são os carros que atrapalham o tráfego). O prefeito ordenou à polícia que começasse a perseguir os pedestres que faziam as travessias sem se importar com a sinalização e colocou cercas nas calçadas, em algumas das esquinas mais movimentadas da cidade. Para sua glória eterna, os nova-iorquinos se rebelaram, organizando

---

14 P. Berdini, *La città in vendita* [A cidade à venda], Roma, Donzelli, 2008, p. 183.
15 Solnit, *Storia del camminare*, cit., p. 291.

manifestações em frente às barreiras e insistindo ainda mais em atravessar a esmo[16].

É uma nova modalidade, batizada e conhecida justamente como *New York crossing*. Se considerarmos que esse cenário é bem norte-americano, não tenhamos ilusões: mais cedo do que se imagina, aparecerá um propagandista local. O pior está sempre à espreita, até onde menos se espera[17].

---

16 Ibid., p. 291-2.
17 Em janeiro de 2004, ao término de uma viagem ao Irã, meu amigo e guia Massoud Hatami aconselhou-me alguns dias de repouso e, finalmente, de sol na ilha Kish, no golfo Pérsico. À noite, depois do jantar, preparo-me para dar uma volta a pé pela ilha. Ao homem da recepção pergunto qual a distância até o centro, "que centro?", ele responde. O centro da cidade, digo. Ele balança a cabeça e me olha atônito, depois diz que existem muitos centros. O mais próximo, digo. Ele diz um nome que não compreendo. Deixo para lá. Quantos quilômetros, pergunto. Seis, sete, diz ele. Para que lado, pergunto. Para lá, e com a mão aponta uma vaga direção. Ponho-me a caminho e pouco depois chego à rotatória de uma rodovia de quatro pistas, paro por um instante e nesse ínterim vejo surgirem no horizonte os faróis de um carro que primeiro reduz a velocidade e depois se aproxima: é um táxi. Um jovem motorista se estica, aonde vai, me pergunta. Estou andando para o centro, digo. Qual centro, me responde; o centro da cidade, digo. Balança a cabeça, depois saca do painel um mapa que estende sobre o volante e abre a porta. Tomo o assento ao lado dele, que começa a me indicar toda uma série de pontos dizendo centro centro centro, então compreendo que a ilha é um enorme centro comercial. A hora seguinte é gasta em uma viagem onírica e surreal ao longo de uma faixa de asfalto onde vez ou outra surgem construções gigantescas em vidro e aço, no estilo oriental: muitas ainda não estão concluídas; muitas estão prontas, mas ainda não em funcionamento; cerca de uma dúzia está iluminada e brilhante, nada falta a elas, a não ser os clientes. Não tem ninguém, digo; hoje não, responde ele, mas no fim de semana aqui fica cheio, é zona franca e vem gente de tudo quanto é parte. Mas deve existir um centro com habitantes, digo. Ele balança a cabeça e me acompanha de volta ao hotel.

No fim das contas, a conjunção de fatores culturais, naturais e econômicos fica evidente para todos: a privatização dos espaços públicos:

> Um centro urbanizado e os automóveis são, de várias maneiras, antagônicos; nesse contexto, uma cidade feita para motoristas não é mais que um subúrbio anormal de pessoas que ficam num vaivém, de um espaço interno privado para outro espaço interno privado. Os automóveis promoveram a dispersão e a privatização, pouco a pouco fizeram com que os centros comerciais substituíssem as vias urbanas de comércio, os edifícios públicos tornaram-se ilhas em um mar de asfalto, um plano diretor naufraga na engenharia de tráfego, e as pessoas não se integram com tanta liberdade e frequência. Diferentemente do centro comercial, a rua é o espaço público onde se colocam em prática direitos como a liberdade de expressão e de reunião, consagrada pela primeira emenda. Não existem possibilidades livres e democráticas de reunião pública em locais onde não há espaço para reuniões. Talvez essa tenha sido uma escolha voluntária[18].

Diante de fenômenos como esse, cada vez mais se fala de cidade difusa, de pós-metrópole, realçando a impossibilidade

---

18 Solnit, *Storia del camminare*, cit., p. 292.

quase ontológica de poder teorizar sobre um desenho urbanístico. Para além das avaliações, o mais das vezes interessadas e tendenciosas, existe uma questão de fundo, uma questão radical, proposta por Massimo Cacciari.

> É possível viver sem um lugar? É possível viver onde as coisas não têm lugar? [...] somente uma cidade pode ser habitada, mas não é possível habitar a cidade se ela não está disponível para ser habitada, isto é, não "oferece" lugares. O lugar está onde pousamos: é pausa, é análogo ao silêncio em uma partitura. Sem silêncio não existe música. O território pós-metropolitano ignora o silêncio; não nos permite parar, não conhece, não pode conhecer distâncias. As distâncias são o seu inimigo [...]. Quais as consequências? Enfrentar o problema com a ideia de restaurar lugares, no sentido tradicional do termo, é uma maneira regressiva e reacionária. Ou então se pode aplaudir o processo em curso e falar "Que beleza!" sobre a sua dinâmica, sobre o movimento de dissolução dos lugares prepotentemente em andamento. Colocar nos devidos termos tal contradição de modo a poder vivê-la e compreendê-la, e não apenas sofrer e padecer com ela, é um problema. Um problema teórico que precisa ser enfrentado[19].

A praça, que a partir de Vitrúvio foi considerada o símbolo da *firmitas*, solidez, da *utilitas*, função, da *venustas*,

---

19 M. Cacciari, *La città* [A cidade], Verucchio, Pazzini, 2009, p. 36-7.

beleza, onde as pessoas se encontravam em um espaço no qual história e arte manifestavam ao máximo a identidade daqueles lugares e daquelas pessoas, a praça, agora, tornou-se o espaço da utilidade, entendida como utilidade privada, e da feiura.

O fenômeno da privatização dos espaços públicos é ainda mais acentuado em nossas cidades pelo peso que tem a indústria do turismo. Que ela seja um setor de fundamental importância e que por isso seja incentivada e apoiada está fora de discussão; o que todavia não se vê, ou não se quer ver, é a face obscura desse incessante aumento de turistas nas principais cidades italianas: a expulsão dos moradores e de tantas atividades artesanais, bem como do pequeno comércio dos centros históricos, com a distorção da identidade daqueles lugares prenhes de história, a padronização de atividades e a privatização dos espaços públicos em função de um turismo "bate e volta". Por causa da avidez pela quantidade, não se enxerga mais, ou então aceita-se o declínio da qualidade e da beleza de lugares únicos no mundo. Também aqui, notem, qualquer que seja a coloração política de nossos administradores públicos, eles não perdem a ocasião, todo mês, de se regozijarem pelo aumento da presença turística, prometendo e proclamando que no mês seguinte será ainda melhor.

Roma era famosa por suas vielas e por suas praças, onde era muito agradável caminhar. Era, porque agora não é mais possível. Invadida por *points*, *pubs*, restaurantes, tratorias, bares, cafés, pizzarias, lanchonetes, sorveterias, iogurterias, *piadinerie** e qualquer coisa que se queira; tudo com respectivas mesas, cadeiras, banquinhos, poltronas, guarda-sóis – e ventiladores anexos –, vaporizadores, aquecedores, floreiras e muito mais. Pelas vielas e praças de Roma pode-se fazer quase tudo, exceto caminhar. Piazza Navona, Pantheon, Campo de' Fiori e ruazinhas adjacentes sofrem literalmente uma invasão constante, feroz e implacável, sem igual no mundo. Em 2004, foram contados treze estabelecimentos comerciais somente na Piazza Navona:

> O Don Chisciotte, o restaurante Tucci, o café Colombo, hoje também restaurante Domiziano, o café Barocco, o Wine Bar, o velho restaurante Panzironi, a pizzaria Best Wine, o Dolce Vita, o bar Navona, o café Bernini, o Quattro Fiumi, o célebre Tre Scalini e o Tre Tartufi. Come-se por toda a parte. Enquanto à tarde a praça mantém seu caráter tépido, pitoresco, talvez sonolento, à noite, quando o afluxo é máximo, os garçons quase agarram os estrangeiros por um braço, decididos a colocá-los sentados e matar-lhes a fome[20].

---

* Casas especializadas em *piadina*, um pão típico italiano. (N. T.)
20 V. Roidi, "Tredici trattorie" [Treze tratorias], *Corriere della Sera*, 7 de agosto de 2004.

No Campo de' Fiori, os *points* chegaram a dezessete, e toda a região foi denominada "o triângulo das bebidas"; por fim, depois de repetidos tumultos, incidentes, discussões e brigas violentas que provocam protestos dos moradores, estaciona na praça uma base móvel ou uma viatura das forças da ordem.

Tal ocupação do espaço público foi denominada "mesinha selvagem", porque quase sempre não respeita as normas, é abusiva no todo ou em parte.

> Um abuso o salão em vime (cor creme) do Caffè Colombo, do Pantheon. Um abuso as mesas à luz de velas do Coco na Piazza delle Coppelle. Um abuso a ocupação do espaço público por dois a cada três *points*, na Piazza di Pietra. Não são poupados nem os patrimônios listados pela Unesco, as praças tombadas e os lugares-símbolo [...]. Para 970 *points* que, ao *primo municipio** apresentaram um pedido de licença, mais de 10% deram um jeitinho, ocupando de fato o espaço público sem pagar [...]; 113 ocupações abusivas. Oitenta reincidentes [...]. Mas é a Piazza Navona que reserva o maior fracasso para a administração pública, com treze restaurantes já denunciados para a prefeitura por estarem destituídos de título para ocupar o espaço público. Licença revogada, segundo a resolução de "ocupação máxima"

---
* Espécie de subdivisão regional administrativa, como a subprefeitura, responsável pelo centro histórico de Roma. (N. T.)

promulgada pela municipalidade em 2006. E assim mesmo as resoluções não deslocaram em nem um milímetro os donos dos restaurantes da Piazza Navona[21].

Essa é a situação oficial em julho de 2009 relatada pelo *Corriere della Sera*. Em vista dos resultados, seria possível propor às autoridades competentes uma bela placa em mármore para ser afixada nas praças e ruas, com o apelo de Totò escrito: "Abusadores de todo o mundo, uni-vos! Querem acabar conosco! É um abuso! Abusadores: digamos não ao abuso"*. Extraordinário exemplo de como se pode jogar com as palavras, deformando e invertendo o sentido e o significado delas, provocando um curto-circuito lógico, o qual, além de irresistível, nos ajuda a pensar.

Manifesta-se dessa maneira um dos princípios fundamentais da nossa falta de civilidade: se o espaço é público, significa que não é de ninguém e, se não é de ninguém, faço o que eu quiser. E tenham certeza de que se faz mesmo, e, pior, ainda se constitui num mérito curricular. Na raiz dessa situação está uma lamentável omissão da política e dos poderes públicos que, por culpa ou dolo, quebram o

---

21 I. Sacchettoni, "Locali del centro storico: la fiera dell'illegalità" [*Points* do centro histórico: a feira da ilegalidade], *Corriere della Sera*, 30 de julho de 2009.

* Totò é o nome artístico do ator cômico italiano Antonio de Curtis (1898-1967), que atuou em mais de cem filmes. A referência é a uma cena do filme *Totò, Peppino e... la dolce vita* (1961), dirigido por Sergio Corbucci. (N. E.)

primeiro compromisso com sua diretriz e seu programa. Essa é a chave do problema, porque quando se abdica do próprio papel, o resultado é este: caminho aberto a quem tem mais recursos econômicos para afastar os outros, aprovação de atividades comerciais em nome do maior lucro, concentração de tais atividades nos lugares mais importantes e prestigiados, para onde milhares de pessoas afluirão em massa. Virão em seguida os inevitáveis protestos dos moradores, seguidos infalivelmente da intervenção da administração pública com o enxoval de decretos retumbantes, maior controle, mais policiamento, colocam-se algumas cancelas e grades, o que sempre agrada muito. No final das contas, a ausência de política de governo nessas situações, esse *laissez-faire* fingidamente liberal só produz um aumento de interdições e proibições cada vez mais difíceis de serem controladas, dada a sua abrangência. Na expectativa de que, dentro em pouco, em alguma outra parte, se reproduza a mesma mecânica e o mesmo processo, para vermos de novo, incansavelmente, desde o começo, o mesmo filme que já cansamos de ver.

Fala-se pouco dessa ilegalidade difusa que nos circunda e nos assedia; de vez em quando sai algum artigo de jornal com tintas e bravatas sensacionalistas e aí tudo termina, rapidamente, assim como começou. Muito mais fácil e barato para todos – cidadãos, poder político administrativo, meios de comunicação – seria culpar os outros, quem sabe de etnia e cor de pele diferentes e que depois, por acaso, nem sequer votam, enquanto aqueles outros não só votam, mas mudam os votos de lá para cá, e são votos que pesam caso se deseje ser eleito. À primeira vista uma moral dupla, que na verdade é uma só: fraco com os fortes e forte com os fracos.

Depois, como resolveu o prefeito, todos juntos, reunidos em assembleia, a cantar apaixonadamente o hino nacional com o seu lindo paparapapapá.

Caminhantes de todo o mundo, unamo-nos!

Tudo o que foi relatado e descrito no capítulo anterior pode ser resumido a uma única frase: o reino da quantidade e da feiura.

Por detrás, como sempre, está uma ideologia: o desenvolvimentismo. E o desenvolvimentismo traz consigo o feio.

Uma vez eliminada a pergunta sobre por que fazer, sobre o que fazer e sobre como fazer, só resta fazer, como se isso fosse um valor em si. Quantas vezes se ouve dizer, em tom solene e um pouco estrondoso na televisão, nos bares ou em várias tribunas: eu sou um homem de ação. Em geral, desconfiem.

Por outro lado, é bom lembrar as sábias palavras de Franco Fortini: saber, fazer saber, saber fazer, fazer. São, de fato, muitos os que fazem sem saber, mas os prejuízos, as culpas, isso todos assumimos.

Outro saber e outro saber fazer não só são necessários, mas possíveis.

"Mântua, tu serás rica se cuidares das obras realizadas; conserva para os descendentes as preciosas vantagens conquistadas. Louva sempre esses dignos dirigentes; com esse exemplo, os sucessores aprendem a fazer bem cada coisa." Isso é o que diz a placa de 1190, em memória da construção da Ponte dei Mulini.

Tenho a serena convicção de que essas palavras influíram gentilmente na decisão da prefeita de Mântua, Fiorenza Brioni – não é por acaso que seja uma mulher –, de impedir um loteamento da gestão anterior que teria irremediavelmente deturpado a paisagem natural e artística, orgulho daquela cidade. Em Chianti, o princípio para os cidadãos é um só: consome-se somente aquilo que se reforma. Dessa maneira, desenvolveram uma economia de qualidade e conservaram o ambiente e uma paisagem admirados no mundo todo. Salvatore Settis lembrou:

> Priorizam-se mais os ganhos, o que é malfeito e realizado com pressa, em detrimento do que é benfeito e realizado mais lentamente. E se a Toscana é a região mais bela, apesar de tudo, é porque aqui se raciocinou no curso dos séculos seguindo valores como a beleza, a lentidão, a ideia de que a paisagem também é a alma de um povo[1].

---

1 S. Settis, "Delegare ai Comuni la tutela del paesaggio ha favorito il degrado" [Delegar aos municípios a tutela da paisagem favoreceu a degradação], *Il Tirreno*, 15 de junho de 2010.

Isso pode ser feito. É possível recolocar em discussão os interesses da renda fundiária e imobiliária que apostam em uma expansão como um fim em si; é possível resistir a uma lógica da privatização da paisagem e dos espaços públicos; é possível afirmar que cidade e paisagem são bens comuns dos quais todos podem gozar, respeitando as normas. É possível fazer e vencer[2]. É possível, mas com uma condição: que se tenha uma elevada concepção da política como bem comum, que se lembre que a política nasce da *polis*, da cidade.

> Os homens procuravam reunir-se e salvar-se fundando cidades; mas não somente se reuniam, começavam a se maltratar reciprocamente, ignorantes que eram da arte política. E assim tornavam a se dispersar, e a morrer. Então Zeus começou a temer pela extinção total da nossa espécie, e enviou Hermes para que levasse para o meio dos homens o sentido do respeito e da justiça, de maneira a dar origem aos ordenamentos civis e a todos os vínculos que geram fraternidade. Mas Hermes interrogou Zeus: de que maneira deveria distribuir para os homens o sentido do respeito e da justiça? "Como as outras habilidades técnicas? Devo fazer do mesmo jeito?

---

2 Hoje nem lembramos mais, mas até em uma realidade difícil como a de Nápoles foi possível, embora por um triz, imaginar outra cidade. Veja-se V. De Lucia, *Le mie città. Mezzo secolo di urbanistica in Italia* [As minhas cidades. Meio século de urbanística na Itália], Reggio Emilia, Diabasis, 2010, p. 103-37.

As habilidades técnicas são distribuídas assim. Um único médico é suficiente para muitos que não são médicos, e assim os especialistas de cada uma das outras profissões. Devo distribuir assim, entre os homens, o sentido de respeito e o de justiça? Ou devo distribuir para todos?". "A todos – disse Zeus –, e que todos tenham uma parte disso; porque, de outro modo, não poderão existir cidades, se apenas poucas pessoas gozarem desse privilégio, como acontece com as outras especialidades profissionais"[3].

A *techne politike*, a arte da política da qual nos fala Platão, refere-se ao sentido do respeito e da justiça, como muitas vezes se repete, e é um dom do céu que pertence a todos (não somente saber, mas fazer saber). Por isso é uma blasfêmia vê-la reduzida a um papel coadjuvante e subalterno, recebendo ordens sem uma visão autônoma própria.

Neurotizados pela ânsia de mudar que nos persegue da manhã até a noite, perdemos a relação que existe entre mudança e conservação, mutação e memória. Mesmo assim, eis a chave, se quisermos evitar sermos transformados em múmias ou destruídos. Seria bom nos lembrarmos do caracol, que, conforme nos explicou Latouche,

---

3 *Elogio della politica* [Elogio da política], I. Dionigi (Org.), Milão, Bur, 2009, p. 142-3 (a citação é retirada do *Protágoras* de Platão).

constrói a delicada arquitetura da sua concha agregando, uma após a outra, espiras cada vez maiores, depois interrompe bruscamente e começa a criar as circunvoluções, a essa altura, cada vez menores. Uma única espira mais larga daria ao caracol uma dimensão dezesseis vezes maior. Em vez de contribuir para o bem-estar do animal, ele ficaria sobrecarregado[4].

Aqui vem à luz uma característica fundamental do caminhar nos dias de hoje. De fato, diferentemente do passado, mesmo do passado mais recente, quem caminha hoje é um freio, é, na linguagem de São Paulo, o *katechon*, a força-pessoa que segura. Esse é o sentido indicado por Benjamin: "Marx diz que as revoluções são a locomotiva da história universal, mas talvez não seja assim. Talvez as revoluções sejam o freio de emergência acionado pelo ser humano em viagem"[5].

Quem caminha tem bons e fundados motivos para não acreditar no destino magnífico e progressista do futuro; aprende todo dia, às próprias custas, a suspeitar do delírio de onipotência que não enxerga e não põe limites às pretensões e supõe que tudo lhe é permitido ou autorizado. Experimenta diretamente a destruição do território, as

---

4 Latouche, *Breve trattato sulla descrescita serena*, cit., p. 33.
5 W. Benjamin, *Sul concetto di storia* [Sobre o conceito de história], Turim, Einaudi, 1977, p. 101.

feridas infligidas à paisagem, o assalto e a pilhagem dos espaços e bens públicos, fatores esses que reduzem, impedem, apagam qualquer possibilidade de caminhar. Por isso, quem caminha aprendeu a olhar e a compreender de maneira diferente o conceito de conservação, e não o considera (mais?) um resíduo do passado, mas algo válido para o presente e para o futuro.

Caminhar é um pensamento prático alternativo ao modo de pensar dominante e tem dentro de si uma carga conservacionista para frear ou evitar que o trem acelere cada vez mais em direção à racionalidade instrumental e ao destino técnico-econômico que conduz a natureza e o humano a um descarrilhamento pós-natural e pós-humano.

Mudamos, e essa é a lei da natureza. Mas mudamos para melhor se cuidamos da identidade e da história, somente assim a transformação traz consigo um benefício; fora disso, ela traz uma marca negativa, a da dissipação e da destruição. Temos necessidade de um "operador atencioso", como escreveu Roberto Peregalli. "Dar ouvidos aos lugares, estar ao lado deles, sem um desejo insano de se assenhorear deles". Depois, conclui, com amarga e desencantada ironia: "o importante é não ter boas intenções, porque são quase sempre uma calamidade"[6].

---

6 R. Peregalli, *I luoghi e la polvere. Sulla bellezza dell'imperfezione* [Os lugares e o pó. Sobre a beleza da imperfeição], Milão, Bompiani, 2010, p. 79.

É possível trazer de volta a virtude e a beleza que existem dentro e fora de nós, desde que comecemos pelos pés.

Existe, de fato, uma aliança natural, uma ligação indissolúvel, uma afinidade eletiva entre o pensamento prático que é o caminhar e a beleza. Assim como o caminhar, "a beleza é um obstáculo à eficiência, à velocidade e à mensurabilidade econômica, que orientam a sociedade de maneira cada vez mais impositiva"[7], escreveu Luigi Zoja.

> Não raro, o impulso econômico vencedor bate de frente com os valores estéticos, os quais são estranhos às normas econômicas ou mesmo contrários a elas, quando diminuem a liberdade do comércio com exigências não produtivas [...]. As forças de maior respeito na sociedade tornam-se gradualmente estranhas, ou mesmo contrárias, à estética. As forças econômicas e políticas entram em rota de colisão contra ela, sobretudo por representar um incômodo obstáculo[8].

> Tudo isso restringe a experiência, tranca a alma. Não é por acaso que o nosso tempo é marcado por estados psíquicos como a angústia (do latim *angustia*, "estreiteza") e que o objeto de estudo preferido da psicanálise tem sido a *Angst*, a ansiedade (igualmente derivado de *eng*, "estreito")[9].

---

7 Zoja, *Giustizia e Bellezza*, cit., p. 22.
8 Ibid., p. 56.
9 Ibid., p. 23.

Zoja nos lembra que a ética "é sobretudo obrigada a se ocupar do mal" e que "o homem justo é fundamentalmente aquele que combate o mal. A beleza, pelo contrário, está por sua própria conta. Prevalece em si e por si. É muito mais do que a simples eliminação da feiura: na verdade, nem precisa dela"[10]. E faz um acréscimo essencial em seguida: não precisa da feiura e é bem diferente do luxo, o qual é uma perversão da beleza.

> Esqueceu-se que o luxo sempre significou "patologia": um desvio. A palavra latina *luxus* quer dizer "fora de lugar", a mesma palavra significava "luxo" e "luxado". Alguém, por certo, poderá ainda encontrar beleza dentro do luxo, mas será um projeto só seu. A sociedade das grifes propõe outra coisa. A beleza estava enraizada em grande parte nas praças: para apreciá-la era necessário partilhar. O luxo é, justamente, exclusivo: apreciá-lo significa despertar inveja, excluir os outros. É um empobrecimento sem precedentes na história, que de modo algum se compensa pela posse de objetos ou serviços. Uma injustiça cometida contra uma porção cada vez maior da população, e contra a própria beleza. A injustiça estética vira um problema de justiça, um capítulo moral. A estética renasce com roupagem ética[11].

---

10 Ibid.
11 Ibid., p. 88.

Volta a ser bem atual a afirmação – antes uma promessa ou um protesto – de Ernest Jünger: "Ética e estética se encontram e se tocam em pelo menos um ponto: o que é verdadeiramente belo não pode não ser ético e o que é realmente ético não pode não ser belo"[12]. Voltando a Walter Siti, assim como no mundo das pequenas aldeias "pode-se renunciar ao necessário, mas não ao supérfluo", também no mundo da classe global dos super-ricos pode-se renunciar à beleza, mas não ao luxo. Contudo, não é um mistério, basta dar uma olhada ao redor: vivemos em cidades onde a feiura aumenta e em casas onde o luxo aumenta. Embora isso se dê nos extremos da escala social, uns e outros respondem à mesma ideologia da privatização e do consumo individual, só que uns decidem e outros são levados a uma decisão, e não mais se dão conta disso. Mas é inútil e também hipócrita ficar surpreso com as consequências: muros e policiamento separando uma infelicidade difusa, e portanto intolerante, de uma felicidade assustada, e portanto precária.

Caminhar reclama, invoca, exige um contexto de espaços abertos, de lugares agradáveis ou, pelo menos, em condições de serem usufruídos.

> Quem já tentou fazer uma caminhada ao anoitecer, em um bairro patrulhado por seguranças armados e recheado

---

12 A. Gnoli e F. Volpi, *I filosofi e la vita* [Os filósofos e a vida], Milão, Bompiani, 2010, p. 43.

de placas avisando de perigo de morte, percebe que a "liberdade dentro da cidade" é um conceito meramente teórico, se não de todo obsoleto[13].

Se não se caminha nesses bairros de classe alta hiperprotegidos de Los Angeles, tampouco se caminha nos bairros abandonados de muitas periferias das metrópoles: foge-se dali cheio de raiva e com o coração na mão.

Uma cidade, um lugar feito sob medida para os pés é uma cidade, um lugar onde todos vivem melhor.

> Gianfranco Bettin: existem lugares nas margens das cidades, áreas fronteiriças entre os centros comerciais e as cidades. Seria necessário impedir a urbanização, mantê-las ao natural. Mario Rigoni Stern: sim, dar um respiro [...], espaços em torno da cidade para passear, para tomar um ar[14].

Nesse fragmento de diálogo entre um sociólogo-administrador e um escritor-filósofo existe uma diretriz política ligada a outro saber, a outra maneira de fazer: impedir mais consumo do solo, escapar da lógica perversa da "valorização", termo mágico e nefasto que significa que tudo deve produzir receitas, que tudo tem um valor econômico,

---

13 Soltit, *Storia del camminare*, cit., p. 293.
14 Vários autores, *Il Veneto che amiamo* [O Vêneto que amamos], Roma, Edizioni dell'Asino, 2009, p. 95.

que tudo é mercadoria¹⁵. Em vez disso, fazer com que as cidades respirem, elas, que são organismos vivos, com espaços livres, abertos, nelas, onde caminhar, observar o céu, ouvir os pássaros e contemplar leva tempo. Sobras urbanas que vingaram no lado de fora, territórios de *oltrecittà** que, atravessados, revelam-se cheios de vazios, de vazios que não podem ser perdidos, vistos como renda, preenchidos o quanto antes; vazios para ter e se manter, lugares e espaços livres e abertos à imaginação, à inventividade de quem os vive e percorre, não espaços ordenados ou pré-construídos. Amnésias urbanas, assim as denominou Careri, que "não estão apenas na expectativa de serem preenchidas com coisas, mas são espaços vivos a serem recheados de significados"¹⁶.

---

15 Anos atrás, Salvatore Settis, já presidente do Conselho Superior dos Bens Culturais, falou da Itália S/A, disparando o alarme contra a comercialização e venda de bens do Estado. Uma profecia que está se tornando realidade com o federalismo estatal, através do qual "todos somos roubados. As Dolomitas não são apenas de quem mora ali, pertencem também aos sicilianos. Se continuar assim, seremos um Estado sem território. Agora existe essa lei, depois virão outras. Mas ninguém percebe, nem mesmo a oposição. Renunciar à ideia de um bem público é renunciar à nossa história e ao nosso futuro" (S. Settis, *Un'operazione che serve solo a fare cassa* [Uma operação que só serve para fazer caixa], *la Repubblica*, 28 de junho de 2010).

* Nome dado a fragmentos urbanos, em geral marginais, frutos da dispersão pós-urbana. O conceito é detalhado em uma citação logo mais adiante. (N. T.)

16 "O que se descobre é um complexo sistema de espaços públicos que podem ser atravessados sem solução de continuidade. Os vazios do arquipélago constituem o último lugar em que é possível se perder dentro da cidade, o último lugar em que se pode ter a sensação de não estar sujeito ao controle e de estar em espaços dilatados e desconhecidos, um

Não é uma fantasia, mas uma utopia concreta. Isso é demonstrado pela experiência feita pelo laboratório de arquitetos e urbanistas que se denominam Stalker/Osservatorio Nomade, que busca e experimenta, junto aos habitantes dos territórios da *Oltrecittà*, novas maneiras de pensar e de viver aqueles espaços, aqueles lugares, subtraindo-os à degradação e à comercialização.

> Um pouco assustados, mas não com medo. Percebemos que a cidade quase não existe mais, que seus espaços públicos estão morrendo, que os vínculos sociais, que a fizeram nascer e crescer, estão se desvitalizando, que não é mais o lugar de repartir e, sim, muito mais, de dividir e isolar, que produzem cada vez mais medo no outro e desconfiança nas instituições que a governam. Passamos a primavera inteira em viagem, percorrendo 220 quilômetros sobre o anel viário, atravessamos uma cidade explodida que projetou por toda parte fragmentos urbanos no Agro romano, ferido e triturado pela especulação imobiliária, pelo abandono da agricultura e pelo vilipêndio de seu patrimônio histórico, denominamos essa nova dispersão pós-urbana *Oltrecittà* e identificamos uma constelação de fragmentos de *agro* romano, aprisionados entre ilhas de aglomerações socialmente homogêneas,

---

parque espontâneo, que não é a repetição ambientalista de uma falsa natureza rústica, nem a exploração consumista do tempo livre. São um espaço para a vocação nômade" (Careri, *Walkscapes*, cit., p. 133).

sem relação com o entorno e muitas vezes privados de relações e de espaços públicos essenciais. Pensamos que esses fragmentos de *agro* são as verdadeiras áreas centrais em torno das quais se deve reconstruir a relação entre cidade e *campagna*, entre público e privado, entre cidadãos e instituições, entre iniciativa espontânea e planificação, entre economia e ecologia. Uma área comum, a ser subtraída à especulação feudal das grandes construtoras, para trazê-la de volta às mãos da cidadania, onde se deve realizar uma virada no governo da região, uma virada que restaure a real participação democrática e dê início à necessária reconversão ecológica. Uma área comum onde reapropriar-se da possibilidade de criar e de produzir os próprios espaços vitais, onde experimentar em conjunto formas de convivência e de colaboração criativa, através de práticas de cultivo e de cultura, da hospitalidade e do acolhimento, do descarte do lixo orgânico, da qualidade alimentar, da produção de energia, do transporte alternativo, da arte. É exatamente no *agro* que se pode começar a criar novas formas de cidadania, reinventando o espaço político de relações que na cidade já foi a praça e hoje, na *Oltrecittà*, parece perdido[17].

Somente caminhando é possível descobrir quantas pessoas e quantas portas ainda podem se abrir sob o efeito da onda de um "bom-dia", levando consigo um sorriso

---

17 L. Romito em primaveraromana.wordpress.com/.

melhor; quanta humanidade e gentileza guardadas ainda podem ser encontradas se sairmos e conseguirmos falar.

Caminhar cria e transforma os lugares, faz avistar por um instante, ou só por uma tarde, aquilo que perdemos, aquilo que ainda podemos salvar, as possibilidades daquilo que ainda não existe[18].

Outro saber: realizar as obras públicas que diminuem ou, pelo menos, não aumentam o volume de carros em circulação. De quantas obras inúteis, senão danosas ou custosas, poderíamos prescindir.

Fazer saber de outro fazer, que está sendo posto em prática em outros lugares e que não conseguimos mais sequer imaginar, somente porque nos habituamos ao feio, à quantidade, ao desenvolvimentismo. Em Paris, a velha

---

18 Em 20 de março de 2008, Thich Nhat Hanh, um monge zen-budista vietnamita, figura espiritual entre as mais respeitadas no nosso tempo, levou a Roma uma caminhada meditativa. Quem participou dela, caminhando entre a Piazza Venezia e a Piazza Navona, ainda hoje guarda uma lembrança detalhada, física: o silêncio que, como um leve manto, envolvia a cidade; uma cidade suspensa, onde era possível sentir o murmúrio das roupas penduradas que o vento agitava nos terraços; a respiração de uma cidade que, nesses lugares normalmente frenéticos, de repente desacelerava e entrava em sintonia com os caminhantes; e uma calma serena que se transmitia às pessoas que esperavam, nos pontos de ônibus, que falavam em voz baixa para não perturbar aquele silêncio concentrado, e às pessoas que esperavam dentro dos carros, sem que houvesse impaciência ou nervosismo, mas, pelo contrário, uma entrega àquilo que estava acontecendo. Quanta energia e quanta força naqueles passos cientes de transformar a minha cidade em um sonho de olhos abertos! Sobre a caminhada meditativa, ver T. Nhat Hanh, *Il miracolo della presenza mentale* [O milagre da presença mental], Roma, Ubaldini, 1992.

linha suspensa que ligava a Bastilha aos antigos bairros a leste foi transformada em uma passarela de mais de quatro quilômetros para os pedestres; uma sucessão de jardins e moitas de rosas, lavandas, bambus, que os parisienses denominaram "corredor verde". Na parte de baixo, lojas de artesanato e espaços de exposição para as artes e a criação, donde o nome Viaduc des Arts[19].

Existem exemplos parecidos em Seattle e Nova York, onde a velha High Line, que atravessava Manhattan, também foi transformada em um parque urbano, com mais de duzentas variedades de plantas, visitado a cada final de semana por mais de 20 mil pessoas. Não se trata de uma concessão; em ambos os casos, a proposta inicial das administrações locais era a de sempre: loteamentos e novas construções. Foi a constante mobilização das massas cidadãs e sua ideia alternativa de cidade que conseguiram exorcizar o perigo e realizar algo novo no campo cultural e prático. É melhor nem pensar no que teria acontecido aqui conosco; causa surpresa a posição esquizofrênica, entre a admiração e o fascínio, que essas escolhas provocam em muitos dos nossos cidadãos, que depois assistem passivos ou indiferentes aos massacres que se consumam bem diante dos seus olhos.

Para voltar a colocar em discussão uma ordem de valores e de interesses, é útil criar um conflito, e, para criar

---

19 E. Bono, "Fiori e binari" [Flores e trilhos], *I viaggi della Repubblica*, 25 de junho de 2009.

um conflito, é útil transmitir força. Força que, diferentemente do que hoje se quer fazer acreditar, é o contrário da violência.

> Força é relação de força, dimensão coletiva do conflito, massas conscientes em movimento, lutas e organização, organização e lutas, aumento calculado de pressão sobre as contradições do campo adversário, consciência disso para atingir o ponto certo, no momento certo. Força chama intelecto. O conflito é saber. Um golpe de força deve ser sempre um ato de civilidade. *Macht* e *Kultur*. A força precisa ver. A violência é cega. Bate onde pode. E tem a intenção de destruir. Não conhece, não quer conhecer, confunde, quer confundir. Escolhe a violência, que é frágil. Quem tem força não precisa da violência. O ato de violência é sempre manifestação de barbárie[20].

Não há nada a acrescentar a essas palavras de Mario Tronti. Aqui também está uma história longa a ser re-conhecida e reinterpretada, para torná-la viva hoje. É a história do movimento operário que no século XIX adquiriu força, autonomia, consciência de si, primeiro consciência sindical e depois política, criando formas de organização próprias; a história do movimento verde e ecologista. Exis-

---

20 M. Tronti, *La politica al tramonto* [A política ao entardecer], Turim, Einaudi, 1998, p. 58.

tem ideias a recuperar, sugestões e práticas que pertencem inteiramente à história e ao pensamento ligados ao caminhar. Voltemos a Thoreau:

> Cavaleiros de uma nova, ou melhor, de uma antiga ordem, não a Ordem Equestre ou dos Cavaleiros, nem a dos Cavalleggeri ou dos cavaleiros, mas a dos caminhantes, uma ordem, creio eu, ainda mais antiga e honorável. O espírito heroico e cavaleiresco, que outrora pertenceu ao cavaleiro, parece reviver agora, ou talvez ter se sedimentado, no Caminhante; não no Cavaleiro, mas no Caminhante Errante[21].

Seguramente animados por esse "espírito heroico", os milhares de caminhantes, em grande parte operários das fábricas de Manchester, decidiram, em 24 de abril de 1932, por uma "transgressão em massa", reivindicando o direito de se movimentarem pelas montanhas, em campo aberto, direito que havia sido negado por vigias e pela oligarquia rural. O confronto foi duro, houve vários feridos e seis detidos entre os manifestantes, mas os ecos daquele dia ficaram registrados na memória coletiva. No ano seguinte, Ewan McColl fez

---

21 Thoreau, *Camminare*, cit., p. 51. Caminhadores ou caminhantes, como desde sempre é chamada a pequena comunidade de ciganos sicilianos que por séculos atravessaram o nosso país consertando guarda-chuvas ou trabalhando como amoladores de facas; figuras míticas, hoje quase desaparecidas, ficaram na memória de quem os via passar a pé ou de bicicleta, gritando a plenos pulmões a sua chegada pelas ruas do bairro.

uma canção sobre isso, "Manchester Rambler", na qual um "escravo assalariado às segundas-feiras" se contrapõe a "um homem livre aos domingos", quando, na companhia de outros, sai para caminhar. Tornou-se então uma das mais famosas canções populares, não só na Inglaterra, na Escócia e na Irlanda, mas também nos Estados Unidos e no Canadá. Aquele acontecimento, surpreendente quanto aos números e quanto à determinação, propagado pela força da música, cresceu e se concretizou na Ramblers Association, continuando então a caminhar. Em 1985, foi lançada a campanha pelo direito de caminhar por campos, pântanos e *downlands*. Em 1997, uma nova mobilização: "Por uma maior liberdade de as pessoas explorarem nossos campos abertos". Em 1998, novos confrontos com agricultores e proprietários de terras que impediam o uso do passeio público em suas propriedades. Finalmente, em 2000, chegou-se a uma lei que, desde 2005, está plenamente implementada e que autoriza aquela liberdade tão longamente negada. Andaram mais devagar, foram mais fundo, agiram mais suavemente e assim tiveram mais fôlego para resistir e vencer o desafio. Alex Langer* estaria feliz. E uma vez que as vitórias são contagiosas, a Ramblers Association lançou agora a campanha "Pelo direito de acesso a todas as áreas costeiras".

Porque quem caminha é invencível.

---

* Alex Langer (1946-95) foi um jornalista, escritor, ativista e político italiano, um dos fundadores do Partito dei Verdi. (N. E.)

É preciso "espírito heroico" para desmontar conceitos e palavras, usadas e abusadas para inverter sentidos e finalidades. Se em nome da segurança vocês desejam a patrulha, então que assim seja: a patrulha do prazer e da beleza, para tirar as praças e os espaços públicos da agressão selvagem e ilegal que produz o feio, a fim de recuperar para os lugares a sua paisagem e o prazer do passeio.

Existe uma verdade, desconhecida da maioria, da qual Walter Benjamin nos informou e advertiu: "Que tudo continue assim, isso é a catástrofe. Esta não é aquela que, de tempos em tempos, ameaça, mas aquela que, de tempos em tempos, é dada"[22].

Para lutar contra esse presente já dado e se dar outro futuro é necessário novamente começar pelos pés. E começar pelos pés significa ter a coragem dos profetas que, caminhando, não prediziam o futuro, mas falavam da catástrofe do presente: "Profecia não é pré-dizer, tampouco é pré-ver. O profeta não vê o futuro, vê o presente. Vê no presente o que os outros não veem, e diz do presente o que os outros não querem escutar", escreveu Mario Tronti[23].

"Criai em vós um coração novo e um espírito novo", exortava o profeta Ezequiel[24], do contrário não é possível

---

22 Benjamin, *Parigi capitale del XIX secolo*, cit., p. 614.
23 M. Tronti, *Nessuna carezza per le parole del profeta* [Nenhum carinho pelas palavras do profeta], *il manifesto*, 6 de setembro de 2001.
24 Ezequiel, 18:31.

fazer novas as coisas do mundo. Grande ânimo e alta intenção recomendava Maquiavel, virtudes sem as quais não existe a força e nem mesmo o conflito, no máximo uma agitação inconclusiva.

E com coração e espírito novos, com grande ânimo e alta intenção, com força e conflito não podemos não nos importar, porque somos chamados para isto: mudar os tempos.

Da quantidade à qualidade. Justiça social e justiça estética[25].

E então: Caminhantes do mundo todo, unamo-nos!

---

25 "Em uma época ecológica, coragem civil não significa apenas exigir justiça social, mas também justiça estética" (J. Hillman, *Cent'anni di psicanalisi e il mondo va sempre peggio* [*Cem anos de psicoterapia... e o mundo está cada vez pior*], Milão, Bur, 2006, p. 156).